여성도들의 봉사와 환대 사역은 그 무게와 범주에 비해 공동체 전체에 미치는 영향의 가치를 제대로 인정받지 못하고 있다. 선교 현장에서도 크게 다르지 않은 현실 속에서, 저자는 탄탄한 성경적 고찰을 바탕으로 여성도들의 봉사와 환대의 가치를 조명하며, 그것이 공동체 활동에서 부차적인 것이 아니라 하나님께 영광과 존귀를 올려 드리는 일임을 강조한다. 한국 사회뿐 아니라 교회에서도 섬김과 봉사, 환대에 대한 가치가 위태롭게 변화되고 있는 현 시대에, 이 책은 우리가 회복해야 할 소중한 삶의 실재와 거기에 내재된 변혁의 힘을 생각하게 한다. 귀한 책으로 인해 말할 수 없는 기쁨을 느끼며 일독을 권한다.

이대행 선교한국 사무총장

디아코니아를 만나는 데는 두 가지 길과 영역이 있는 것 같다. 하나는 기독교 복음의 진수가 디아코니아라는 사실이고, 다른 하나는 복음의 모든 실천 영역이 디아코니아라는 것이다. 이 책은 많은 설명이 필요한 디아코니아의 내용을 100쪽 분량으로 소개하고, 또 그만큼의 분량으로 디아코니아의 실천 현장을 보여 준다. 귀한 내용을 엄선된 도구에 담아 전달하는 아름다운 수고에 찬사를 보낸다. 섬김이 단지 누군가의 마음을 열기 위한 '수단'이 아니라, 그리스도 복음의 핵심에 대한 이해라는 것을 알게 된다면, 이 책을 탄생시킨 이들의 수고가 정말 값진 일이 될 것이다.

이범성 실천신학대학원대학교 선교학 교수

내가 아는 한 저자는 글보다는 말이, 말보다는 행동이 빠른, 섬김에 최적화된 디아코니아형 사역자다. 활발히 움직이던 이가 앉아서 책을 썼다. 그런데 글이 가만히 있지 않고 살아 움직인다. 실제 삶의 현장에서 만난 멜로디, 던, 샤인, 은, 민, 장미, 아이리타, 홍 선생님 등의 다양한 섬김의 이야기들이 하나님 나라와 식탁 공동체의 풍성한 맛을 보여 준다. 무엇보다 저자가 중앙아시아 유학생들의 쉼터 러브 나그네 사역을 통해 외국인들을 돌보고 먹이며 얻은 별명, 그들의 '한국 엄마'가 된 이야기는 결국 디아코니아가 나그네에게 엄마가 되어 주는 사역임을 깨닫게 한다. 섬기고 봉사하고 싶은 성도들과 선교에 대해 막연한 생각을 갖고 있는 이들이 꼭 읽어 보아야 할 섬김의 필독서로 기쁘게 추천한다.

홍인종 장로회신학대학교 목회상담학 교수

섬김, 마음을 여는 선교

섬김, 마음을 여는 선교

초판 1쇄 인쇄 2021년 1월 4일
초판 1쇄 발행 2021년 1월 12일

지은이 문혜정
표지그림 Connie Straub
내지그림 김원진
펴낸이 김정미
펴낸곳 앵커출판&미디어
출판등록 106-90-75402
주소 서울시 강북구 수유동 469-171
대표 전화 010-4804-0806
이메일 anchorpnm@gmail.com

ISBN 979-11-86606-14-8 03230

섬김,
마음을 여는 선교

문혜정 지음

디아코니아로 살아가는 모든 이들에게
존경과 감사를 담아 이 책을 드립니다.

차례

서문(조샘) 10
들어가며 13

1부_ 디아코니아의 신학적 근거와 성경의 예

1. 디아코니아란 무엇인가? 19
2. 구약의 디아코니아 25
3. 신약의 디아코니아 47
4. 디아코니아의 여성성 71
5. 디아코니아의 삶을 산 성경의 여성들 ... 104

2부_ 오늘 여기, 디아코니아로 살아가는 여성들

1. MK 호스텔지기 멜로디 선생님 가정 — 133
2. 식탁 공동체 섬김이 던 선생님 — 140
3. 무슬림 여성들의 친구 샤인 선생님 — 149
4. 춘천 동산골 무료공부방 은 선생님 가정 — 158
5. 탈북민 자매들의 엄마 민 선생님 — 166
6. 장애인과 비장애인 모두의 친구 장미 집사님 — 174
7. 중보기도 지킴이 아이리타 선생님 — 182
8. 실버 구역의 든든한 버팀목 홍 전도사님 — 190
9. 중앙아시아 유학생들의 쉼터 러브 나그네 — 198

나가며: 디아코니아, 나도 할 수 있을까? — 207
인용 문헌 — 214

서문

"그리스도인은 무엇을 하는 사람들인가?" 1세기 로마제국의 이방인들에게 묻는다면, "다른 이들을 섬기고 대접하는 사람들"이라는 대답을 듣게 되지 않을까? 역사적으로 예수님의 제자 됨을 보여 주는 가장 두드러진 증거는 다른 이들과 시간을 보내고 그들의 필요를 채워 주는 모습에서 나타났다.

이러한 특징은 오늘날 선교 현장에서도 찾아볼 수 있다. 선교사들에게 "어디에 시간을 가장 많이 쓰세요?"라고 묻는다면, "사람들을 만나 친구가 되고 섬깁니다"라는 대답을 듣게 될 것이다. 그런데 한 걸음 더 들어가 누가 그러한 섬김을 구체적으로 실천하고 있는지 보면, 주로 여성 그리스도인들이다. 이는 1세기에도 그랬을 것이고 지금도 마찬가지다. 우선 전 세계 여성 선교사들의 수가 남성 선교사들의 수보다 많다. 또한 여성 선교사들이 하는 일을 보면, 공적 사역으로 섬기는 것은 물론 뒤에서 보이지 않게 많은 시간을 사람들을 돌보고 밥을 먹이며 이웃의 친구가 되는 데 쓰고 있다.

그동안 여성 그리스도인에게서 보다 두드러졌던 이러한 선교 방식은 사실 오늘날 모든 그리스도인들에게 열려 있다. 시간과 관계로 구성된 우리의 생명과 그 일부를 나눔으로써 사람들의 마음이 열리고 예수 그리스도의 새로운 생명을 나눌 수 있게 되는 것이다. 기독교 신앙 전파의 신비는 원래부터 그랬고, 지금도 여전히 그러하다.

그럼에도 디아코니아, 즉 섬김에 대해 신학적으로 그리고 성경적으로 조망하여 잘 정리한 책은 드물다. 키르기스스탄에서 10년의 섬김을 통해 디아코니아의 가치를 새롭게 발견한 문혜정 선교사는 이 책에서 성서신학과 조직신학의 관점으로 디아코니아를 성찰하여 정리하고 있다. 뿐만 아니라 실제로 우리 주변에서 섬김을 실천하며 선교의 삶을 살아가는 아홉 명의 여성들과 그들의 사역을 소개하며 디아코니아 선교가 우리에게서 멀지 않은 것임을 생생하게 보여 준다.

섬김은 마음을 여는 선교다. 예수님께서 친히 떡을 나누어 주시고, 생선을 구우시고, 발을 씻겨 주시며 손님을 영접하는 본을 보이셨다. 섬김은 예수님의 제자라면 여성뿐 아니라 남성도 당연히 배우고 실천해야 할 삶의 방식이다. 모든 성도들이 이 책을 함께 읽고 디아코니아를 새롭게 배우기를 바란다. 오래전 우리가 지녔으나 어느새 잊어버린 성도들의 삶의 방식을, 제자들의 마음을 여셨던 예수님의 선교를….

조샘(인터서브 코리아 대표)

들어가며

누군가 내게 꽤 부담스런 제안을 하면, 나는 두 가지 면에서 고민한다. 먼저, '내가 과연 그 일에 적합한 사람일까?'를 생각한다. 그렇다면 그 제안을 받아들인다. 다음으로, '그 일을 하는데 에너지가 많이 드는가? 다른 일을 못할 정도로?' 그렇다면 그 제안을 거절할 수도 있다.

2020년에 인터서브 코리아는 30주년을 맞았다. 30년 간 수많은 선교사들을 보내고 후원하는 수고를 오늘까지 해온 것이다. 인터서브 코리아는 30주년을 기념하며 내게 '디아코니아'에 관한 책을 써 달라는 제안을 했다.

당연히 고민되었다. 그러나 지난 10년 간 중앙아시아 키르기스스탄에서 선교사로 지내며 배웠던 디아코니아, 즉 섬김에 관한 이야기를 나누는 것은 내게 그 어떤 일보다 중요하고, 지금도 하고 있는 일이므로 쓰기로 과감히 결정했다.

이 책의 1부에 나오는 디아코니아의 신학적 근거와 성경의 예는, 2012년 미국 풀러신학교 선교대학원에서 선교목회학 박사 과정을 졸업하며 쓴 학위논문 "선교지에서의 여성 디아코니아 사역에 관한 연구"에 기초한다. 당시 논문은 특별히 여성 선교사들에게 헌정하기 위한 것으로서 선교사들에게 보다 더 초점을 맞추고 있다.

이 책에서는 그 내용을 좀 더 보완하여 2부에 우리 가까이에서 디아코니아를 실천하며 살아가는 이들의 실제 이야기를 추가했다. 무엇보다 그들의 이야기를 꼭 쓰고 싶었다. 섬김의 삶이 어느 먼 나라, 다른 사람의 이야기가 아니라 지금, 여기, 바로 우리 모두의 이야기가 되기를 바라는 마음에서다. 특별한 사람만 디아코니아로 사는 것이 아니라 우리 모두가 그렇게 살 수 있다는 것을 보여 주고 싶다.

이 책은 어렵지 않다. 디아코니아가 어려운 것이 아니기 때문이다. 부디 이 책이 디아코니아를 잘 이해하고 실천하며 살아가는 데 작은 동기부여가 되기를 바란다. 혹시 1부의 신학적인 설명이 어렵게 느껴진다면, 2부에 나오는 이야기들을 먼저 읽어 보는 것도 좋다. 각 장 말미에 나오는 '묵상과 적용' 질문에 답하며 소그룹에서 함께 나눈다면 더욱 풍성한 이야기들로 채워질 것이다.

감사의 인사를 전하고 싶은 분들이 있다. 논문의 색채를 지우면서도 내용은 훨씬 멋지게 표현해 준 앵커출판사 대표님과 편집부의 수고에 감사드린다. 10년 간 인터서브 파트너(선교사)로 선교지에서 사역을 마치고 귀국했을 때, 다시 인터서브 프렌즈(이사)로 불러 주어 이 책을 쓸 수 있도록 용기를 준 조샘 대표님께 감사드린다. 학위논문 때부터 계속하여 논문의 틀과 내용, 참고도서를 아낌없이 지원하고 지도해 주신 이범성 교수님께도 감사드린다. 부족한 며느리를 자랑스러워하며 늘 응원해 주시는 시부모님께 감사드리고, 평생의 삶을 통해 디아코니아의 모범을 보여 주신 친정어머니께도 감사드린다.

기도로 늘 함께해 주는 믿음의 가족들에게 감사하고, 바쁜 중에도 엄마의 책에 삽화를 직접 그려 준 사랑하는 딸 원진이에게 고맙다는 인사를 전한다. 군복무 중에도 늘 안부를 물으며 자기 걱정은 하지 말라는 듬직한 아들 찬진이에게도 고마움을 전한다. "너는 디아코니아 해. 나는 코이노니아 할게"라며 우스갯소리를 하지만, 누구보다 디아코니아의 삶을 살고 있고, 누구보다 나를 나답게 살 수 있도록 세워 주고 지원해 주는 사랑하는 남편 김은우 집사에게 감사와 존경의 마음을 전한다.

문혜정

1부

디아코니아의
신학적 근거와
성경의 예

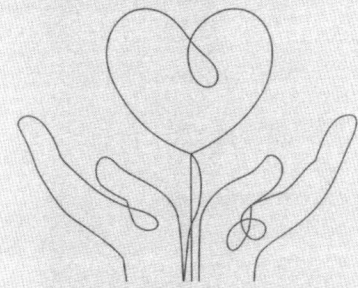

1 디아코니아란 무엇인가?

섬김, 봉사, 기독교 봉사, 복지, 이런 단어들은 우리가 익히 들어 잘 알고 있다. 이 책에서는 '디아코니아'라는 그리스어를 그대로 사용하여, 디아코니아의 본래 의미에 보다 충실히 접근하려 한다.

디아코니아의 등장

'기독교 사회봉사'라는 말은 신약성경에 나오는 디아코니아(διακονία)의 우리말 표현이다. 디아코니아는 우리에게 그다지 익숙하지 않고 자주 사용되지도 않는 단어다. 이 주제를 신학적인 학문으로 연구하기 시작한 것이 불과 100여 년밖에 되지 않았고, 그동안에도 연구 대상이라기보다는 실천 덕목으로만 여겨져 왔기 때문이다. 그러나 디아코니아는 성경에 근거를 두고 있으며, 초대교회 때부터 오늘에 이르기까지 기독교가 일관되게 강조해 온 주제다.[1]

봉사를 선교 자체로 인정하는 에큐메니칼적 디아코니아에 대한 인식이 없다면, 봉사는 선교의 방편 정도로 취급되고, 기껏해야 성화를 이루어 가는 과정에서 덕을 쌓는 일로만 여겨질 것이다. 에큐메니칼[2] 선교는 봉사를 전도와 마찬가지로 선교의 본질적 요소로 인정하는 '하나님의 선교'[3]에 그 신학적 기반을 두고 있다.[4] 이 책이 강조하고 싶은 것이 바로 이 부분이다.

이 책에서 계속 언급될 디아코니아의 개념을 먼저 이해하지 않는다면, 이 책이 무엇을 말하고 있는지 이해하기 어려울 것이다. 그러므로 성경에 나타나고 있는 디아코니아와 관련된 단어들의 의미를 살피고, 구체적으로 어떤 경우에 그 단어가 사용되었는지

---

1 김한옥 2006:19-20
2 그리스어 오이쿠메네(oikouménē)에서 유래한 이 말은 '사람늘이 살고 있는 온 세상'이라는 사선석 의미를 갖는다. 1차 세계대전 이후로 교회들의 다양성 속에서 일치를 추구하는 '신앙과 직제' 운동, 교회의 사회참여에 해당하는 '삶과 봉사' 운동, 복음전파와 하나님의 선교를 추구하는 '복음전도와 세계선교' 운동과 이 세 운동의 신학을 가리키는 데 사용되었다.
3 1952년 빌링겐 IMC에서 독일 신학자 칼 하르텐스타인이 처음 사용한 용어다. 선교는 인간의 활동이나 조직이 아니라 "그 근원은 삼위일체 하나님 자신"으로서, 하나님이 성령의 능력을 통해 만유를 화해시키기 위해 아들을 보내신 것이 선교의 근본이자 목적이라고 본다.
4 이범성 2011:210-211

숙지할 필요가 있다. 더불어 구약과 신약에 나타나고 있는 디아코니아에 대해, 복음의 핵심인 하나님 나라와 디아코니아의 연관성에 대해서도 살펴보겠다.

디아코니아 용어 정의

디아코니아는 그리스어로 기록된 신약 성경에서 비교적 쉽게 찾아볼 수 있는 단어다. 기독교 봉사 전체를 포괄하는 그리스어 단어는 어근 디아콘(διακον-)에 속한다. 이 단어들 중에는 동사형 디아코네오(διακονεω, 섬기다, 일하다, 봉사하다)와 명사형 디아코니아(διακονια, 섬김, 봉사, 일), 또 다른 명사형 디아코노스(διακονος, 섬기는 자, 일하는 자, 봉사자)가 있다. 디아코니아를 의미할 때는 이 모든 것을 포괄하는 것을 전제한다.[5]

먼저, 동사형인 디아코네오는 신약시대 이전 그리스 주변 지역에서 오랫동안 세속적인 의미로서 '식탁에서 시중들다'라는 의미로 사용되었을 뿐 아니라, 신약성경에서도 같은 의미로 사용된다

---

5   김옥순 2010:14, 43

(마 22:13, 27:55, 막 15:41, 눅 12:37, 17:8, 22:26, 요 12:2 등).[6] 이런 의미가 세월이 흐르며 조금씩 발전하여 '생활을 돌보다'라는 뜻으로 사용되기도 하고, 후에는 보편적인 의미인 '섬기다'로 사용되었다.[7]

명사형으로는 바울이 예루살렘 교회 공동체의 가난한 자들을 위해 모금한 것을 디아코니아라고 일컬었다.[8] 가난하고 위기에 빠진 자들의 생계를 돌보기 위한 연보로서 디아코니아는 하나님을 예배하는 일과 동떨어져 있지 않다. 이것은 결국 디아코니아가 하나님을 영화롭게 하는 예배에까지 나아감을 의미한다(롬 15:25-27, 고후 9:12). 디아코니아는 또한 하나님의 일이나 예수님의 일로 증언되고 있다. 이러한 디아코니아 활동은 교회 공동체에도 해당되는데, 이로 미루어 볼 때 교회 공동체 활동은 곧 하나님과 예수 그리스도를 위한 일이며 교회 공동체를 위한 일이 되기도 한다.[9]

독일의 신학자 파울 필리피도 이와 의견을 같이하며 "디아코니아는 사랑이 동기가 되어 행하는 개인의 봉사 행위뿐 아니라 교회가 행하는 사회적 차원의 활동까지 의미한다"고 말했다.[10] 또 다른 명사형으로 사용된 디아코노스는 바울 서신에서 찾아볼 수 있다.

---

6 Luz 2005:17 and Beyer 1935:83, 김옥순 2010:19에서 재인용함
7 김한옥 2006:20
8 Holtz 1990:128, 김옥순 2010:28에서 재인용
9 김옥순 2010:29-30
10 Philippi 2010:12-13, 지인규 역

'봉사를 수행하는 자'로서 누군가 불특정한 사람을 위해 섬기고 봉사한다는 표현이다.[11] 바울은 명사형인 디아코노스를 자신의 사도직을 표현하는 데 사용했다(고후 5:20). 그는 자신을 디아코노스로 명명하며, 사도를 그리스도의 몸에 대한 봉사자로 보았다.[12]

표 1을 보면 위의 세 단어 디아코네오, 디아코니아, 디아코노스가 신약성경 어디에 몇 회씩 나오는지 한눈에 볼 수 있다.[13]

예수님께서 마가복음 10장 43-45절에서 직접 자신의 사역을 디아코니아라고 부르며 선교 용어로 정립하셨기 때문에, 디아코니아는 그분의 제자된 우리가 감당해야 할 전인적 선교를 설명하는 핵심 용어가 되었다.[14]

● 묵상과 적용
1. '디아코니아'라는 말을 들어 본 적이 있나요? 있다면 언제 어디서 들었나요?
2. 예루살렘 교회 공동체의 가난한 이들을 위해 모금한 것을 '디아코니아'라고 했습니다. 이 디아코니아는 하나님을 예배하는 것과 어떤 연관이 있을까요?

---

11 Weiser 1980:726, 김옥순 2010:30에서 재인용
12 김옥순 2010:31
13 박창현 2002:87-88
14 Glasser 2006:336, 임윤택 역

표 1. 신약성경에서 사용된 디아코네오, 디아코니아, 디아코노스

	디아코네오	디아코니아	디아코노스	횟수
마태복음	4:11, 8:15, 20:28(*2), 25:44, 27:55 (6회)		20:26, 22:13, 23:11 (3회)	9
마가복음	1:13, 31, 10:45 (*2), 15:41 (5회)		9:35, 10:43 (2회)	7
누가복음	4:39, 8:3, 10:40, 12:37, 17:8, 22:26, 27(*2) (8회)	10:40 (1회)		9
요한복음	12:2, 26(*2) (3회)		2:5, 9, 12:26 (3회)	6
사도행전	6:2, 19:22 (2회)	1:17, 25, 6:1, 4, 11:29, 12:25, 20:24, 21:19 (8회)		10
로마서	15:25 (1회)	11:3, 12:7(*2), 15:31 (4회)	13:4(*2), 15:8, 16:1 (4회)	9
고린도전서		12:5, 16:15 (2회)	3:5 (1회)	3
고린도후서	3:3, 8:19, 20 (3회)	3:7, 8, 9(*2), 4:1, 5:18, 6:3, 8:4, 9:1, 12, 13, 11:8 (12회)	3:6, 6:4, 11:15(*2), 23 (5회)	20
갈라디아			1:1 (1회)	1
에베소서		4:12 (1회)	3:7, 6:21 (2회)	3
빌립보서			1:17 (1회)	1
골로새서		4:17 (1회)	1:7, 23, 25, 4:7 (4회)	5
디모데전서	3:10, 13 (2회)	1:12 (1회)	3:8, 12, 4:6 (3회)	6
디모데후서	1:18 (1회)	4:5 (1회)		2
데살로니가전서			3:2 (1회)	1
빌레몬	13 (1회)			1
히브리서	6:10(*2) (2회)	1:14 (1회)		3
베드로전서	1:12, 4:10, 11 (3회)			3
요한계시록		2:19 (1회)		1
횟수	37	33	30	100

2   구약의 디아코니아

구약에서도 그리스어 '디아코니아'를 발견할 수 있을까? 히브리어로 쓰인 구약성경에 그리스어 디아코니아는 나오지 않지만 이를 설명하는 수많은 단서와 답이 들어 있다. 구약성경에 나타난 디아코니아의 신학적 근거들을 하나하나 살펴보며 디아코니아가 더 이상 신약성경의 전유물이 아님을 확인하게 될 것이다.

구약에 나타난 디아코니아의 성서신학적 근거

앞서 용어 정의에서 설명한 것처럼, 신약성경에 사용된 어근 '디아콘' 계열의 단어들을 언어 형식적으로 히브리어로 기록된 구약성경과 연관짓기란 거의 불가능하다. 이 단어는 심지어 구약성경의 70인역에도 거의 나타나지 않는다. 그러나 형식이 아니라 내용상의 논리로 접근한다면, 얼마든지 이 단어들에 상응하는 의미를 구약성경에서 끌어낼 수 있다.[1]

월터 카이저는 출애굽기 19장 4-6절에 근거하여, 이스라엘의 선택은 세상의 다른 민족을 거부하는 것이 아니라 오히려 다른 민족들의 구원을 의미하며, 여기서 선택은 특권으로의 부르심이 아니라 봉사의 도구로 선택하심을 의미한다고 말했다.[2] 그러므로 '봉사'라는 의미가 구약성경에서 어떻게 사용되고 있는지 먼저 살펴볼 필요가 있다.

봉사와 관련된 구약성경의 용어들

'봉사'는 순 우리말 '섬김'으로 바꾸어 말할 수 있다. 섬김을 히브리어로 '아받'이라고 하는데, 여기서 파생된 명사형이 '종'이라는 뜻의 '에벧'이다.[3]

에벧은 '일하다', '섬기다', '경작하다'는 의미도 사용되며, 그 적용

---

1 김옥순 2010:3
2 Kaiser 2005:32-33, 임윤택 역
3 박동현 1999:118.

범위는 일반적인 노동이나 사소한 일을 비롯해 종이 주인을 섬기는 것, 무엇보다 야훼 혹은 신을 섬기는 데 가장 자주 쓰인다.[4]

아받은 '섬기다'라는 뜻으로 이해할 때, 어떤 한 사람이나 한 무리의 사람들이 다른 사람이나 다른 한 무리의 사람들을 위해 정해진 기간 또는 한평생 일하는 것을 뜻한다.[5]

아받이 하나님에 대한 복종, 섬김으로 사용되는 경우를 두 가지로 볼 수도 있다. 하나는 제의적으로 섬기는 것과 다른 하나는 말씀에 순종함으로 섬기는 것이다. 제의적으로 섬기는 것은 하나님께 예배하고 예물을 드리고 성전을 보살피는 것 등을 말하고, 말씀에 순종하는 것은 하나님의 계명을 실천하는 것이다. 계명을 지키는 것이 곧 하나님을 섬기는 행위가 된다.[6]

섬김을 뜻하는 또 다른 히브리 단어로 '샤랕'이 있다. 이 단어는 주로 아랫사람이 윗사람을 섬기는 것을 가리킬 때 사용된다. 샤랕은 자유인이 스스로의 결정에 따라 다른 사람들을 섬기는 경우만을 뜻하지만, 아받은 종의 신분으로 마지 못해 주인을 섬기는 경우도 포함한다는 점에서 차이가 있다.[7]

---

4 김한옥 2006:100
5 박동현 1999:118
6 천사무엘 2008:13-14
7 Jenni and Westermann 1979:1019-1022, 박동현 1999:119에서 재인용

'아만립네'는 '누구 앞에 서다'라는 의미의 단어인데, 이것은 아랫사람이 윗사람을 잘 모시기 위해 윗사람 앞에 서서 명령을 받을 때의 몸가짐을 그대로 나타낸다. 성경에 나온 예로는 여호수아가 모세에게(신 1:38), 수넴 여인이 엘리사에게(왕하 4:12), 레위 사람들이 이스라엘 백성들에게(겔 44:11), 왕궁에서 장관들이 왕에게(왕상 10:8), 그달랴가 바벨론 장군에게(렘 40:10), 다니엘과 그 친구들이 왕궁에서(단 1:5) 그렇게 했다고 기록되어 있다.[8]

구약에서 나타난 이 단어들만으로는 이 책에서 말하고 있는 디아코니아의 의미를 정확히 드러내는 데 한계가 있다. 그러므로 이스라엘 민족의 삶 가운데 디아코니아적인 모습들이 어떻게 드러나고 있는지 성경에서 그 예를 찾아보는 가운데 이스라엘이 봉사하는 대상이 누구였으며, 그들 안에는 어떠한 디아코니아 정신이 있었는지를 살펴볼 필요가 있다.

이스라엘의 봉사

데이비드 보쉬는 "선민의 목적이 봉사에 있으며, 봉사가 결여되어 있다면 선민사상은 그 의미를 상실한다"고 말했다.[9] 구약성경에서

---

8 Jenni and Westermann 1979:330-331, 박동현 1999:119에서 재인용
9 Bosch 1997:69, 전재옥 역

봉사와 섬김의 대상은 당시 사회적으로 소외된 가난한 자, 고아, 과부, 나그네 등으로 그 범위를 좁혀 볼 수 있다. 이들이 섬김의 대상이 될 수 있는 이유는, 하나님께서 기뻐하시는 샬롬의 세계를 건설하기 위해서는 모든 사람들이 함께 조화를 이루며 살아야 하기 때문이다.

구약성경은 이들 사회적 약자들을 위한 법을 제정하여 그들을 보호하고 있음을 보여 준다.[10] 더욱이 이스라엘은 자국민들뿐 아니라 이방인에 대해서도 관심을 표현하고 있다.

이방인들을 섬김

구약성경 안에서 이스라엘이 이방인을 섬긴 예를 찾기란 그다지 쉬운 일이 아니다. 애굽 종살이와 바벨론 포로생활 중에 이방인을 섬긴 적은 있지만, 이것은 자발적인 것이 아니므로 순수한 봉사나 섬김이라고 말하기는 어렵다.[11] 그럼에도 불구하고 이스라엘이 이방인들을 섬긴 몇 가지의 예를 성경에서 찾아볼 수 있다.

첫째, 나그네를 향한 이스라엘의 우대다. 레위기 16장 29절, 19장 34절 등을 보면, 천재지변이나 그 밖에 인위적으로 생긴 불행

---

10 황순환 2002:68
11 김한옥 2006:101

으로 인해 고향을 떠나 아무런 법적 보호를 받지 못하고 떠돌아다니는 사람들에 대한 배려가 나온다. 그밖에도 여러 본문들(창 23:4, 출 2:22, 13:3, 22:21, 23:9, 레 25:23, 신 10:19)은 이스라엘이 지난날 자신들이 바로 그와 같은 나그네의 삶을 살았기 때문에 이방인을 잘 돌보아야 한다는 점을 알려 준다.[12]

둘째, 이방인을 향한 이스라엘의 관심이다. 이것은 주로 족장들을 통해 드러나고 있는데, 아브라함, 이삭, 야곱, 요셉을 통해 그 주위의 이방 민족이 복을 누리는 모습을 볼 수 있다(창 12:3, 30:27, 41:37-38, 47:13-26).

예언서들(사 42:1, 4, 렘 48:31-39)을 통해서도 이방인을 향한 이스라엘의 관심이 드러나고 있다.[13] 이방인을 향한 이러한 관심은 풍요로움에서 오는 은혜 베풀기 식의 돌봄이 아니라 권리가 관건이 되고 있다. 그것은 절박한 상황에서 도움이 필요한 자가 도움을 받을 권리이며, 사회 영역에 참여하는 시민적인 권리다. 이러한 권리는 "너는 객이나 고아의 송사를 억울하게 하지 말며 과부의 옷을 전당 잡지 말라"(신 24:17), "객이나 고아나 과부의 송사를 억울하게 하는 자는 저주를 받을 것이라 할 것이요"(신 27:19)와 같은

---

12 박동현 1999:120
13 박동현 1999:121-122

신명기 말씀에서 그 근거를 찾아볼 수 있다.[14]

요하네스 버카일도 이 점을 강조하고 있는데, 이스라엘 백성은 하나님의 선교를 위한 섬김 사역을 하도록 선택된 사람들이라는 것이다. 그는 "선지자들은 이스라엘이 선택받은 것이 자신들을 보존하기 위한 이기적인 특권이 아니라, 섬김을 위한 부르심이라는 것을 끊임없이 깨우쳐 주려고 했다"고 말한다.[15]

이스라엘이 이방인을 섬긴 것뿐 아니라 이방인이 이스라엘의 구성원이 되어 섬긴 경우도 있다. 룻과 다말을 그 예로 들 수 있다. 룻의 이야기와 다말의 이야기(창 38장)에서 우리는, 결국 예수 그리스도의 족보에 오르게 된 이방 여인 룻과 다말이 낯선 이들과 어울려 새로운 문화에 적응하며 일원이 되려고 노력하는 모습 속에서 이해와 포용을 실천하고 있는 선교를 찾아볼 수 있다.[16] 여인들을 통한 디아코니아가 이루어지고 있는 것이다.

이스라엘 사회에 나타나는 정의와 약자 보호 제도들은 사람들이 합의하여 만든 것이 아니라, 하나님께서 직접 이스라엘 백성에게 계시하신 말씀이라는 데 큰 의미가 있다.[17] 이에 관한 본문으로

---

14 김옥순 2010:202
15 Verkuyl 1978:46, Glasser 2006:180에서 재인용
16 이영미 2010:43-45
17 김한옥 2006:108

아모스 5장 21-24절, 이사야 1장 10-17절, 예레미야 7장 1-15절 등을 들 수 있는데, 이스라엘 사회 안에서의 섬김은 사회적 약자들을 위한 섬김으로 압축할 수 있다. 계속해서 이들을 도와주는 것이 곧 사회를 섬기는 일이라는 것이다.[18] 약자 보호 제도로는 십일조, 안식일, 도피성 제도 등이 있었다.

십일조 제도

종교적인 의미와 목적으로 드렸던 처음 십일조는 토지를 배정받지 못하고 성전 일만 돌보는 레위인과 제사장의 생활 보장을 위한 수단이었다. 그러나 점차 사회봉사의 목적으로 사용되었음을 여러 성경이 보여 주고 있다.

신명기 14장 28-29절(유사한 구절로 신명기 26장 12절이 있다)을 보면, "매 삼 년 끝에 그해 소산의 십분의 일을 다 내어 네 성읍에 저축하여 너희 중에 분깃이나 기업이 없는 레위인과 네 성중에 거류하는 객과 및 고아와 과부들이 와서 먹고 배부르게 하라"는 말씀이 나온다. 이것은 곧 십일조를 사회적 약자를 위해 사용하라는 야훼의 명령임을 확인할 수 있다.[19]

18　박동현 1999:123-124
19　홍주민 2010:49

여기에서 우리는 십일조가 그 당시 땅을 분배받지 못한 레위인과 사회봉사의 대상인 고아와 과부와 객을 위해 하나님께서 별도로 주문하신 것이라는 사실을 보게 된다.[20] 십일조를 사용하는 것은 야훼 하나님께 드리는 깃과 다를 바가 없기에 흠이 있어서는 안 된다는 점을 신명기 26장은 분명히 밝히고 있다.[21]

결국 매 3년째 드리는 십일조는 최초의 사회 세금으로 형성되었고, 이것은 곧 국가 세금의 3분의 1을 사회적 약자들의 기본 생명을 보호하는 일에 사용해야 했음을 의미한다.[22]

안식일 제도

구약에서 종교적 의미와 사회봉사적 의미를 모두 갖고 있는 제도에는 십일조뿐 아니라 안식일 제도도 포함된다. 하나님은 창세기 2장 1-3절에서 이날을 구별하여 축복하셨고, 출애굽기 20장 8-11절과 신명기 5장 15절에서는 시내산에서 모세에게 안식일을 준수하라는 네 번째 계명을 주셨다. 뿐만 아니라 레위기 23장 3절에서도 하나님을 예배하는 날로 안식일을 지키라고 말씀하셨다.[23]

---

20 황순환 2002:79
21 박동현 1999:126
22 김옥순 2010:204
23 김한옥 2006:111

그렇다면 안식일 제도는 어떤 의미에서 사회봉사적 의미를 갖는가? 출애굽기 23장 12절을 보면, "너는 엿새 동안에 네 일을 하고 일곱째 날에는 쉬라. 네 소와 나귀가 쉴 것이며 네 여종의 자식과 나그네가 숨을 돌리리라"고 기록하여 노동 후 쉬게 함을 통해 사회를 보호하셨다. 신명기 5장 12-15절도 동일한 말씀으로서 이 날은 모두가 해방받은 날이 된다.[24]

도피성 제도

도피성 제도는 부지중에 살인한 자를 피의 복수자로부터 지키기 위해 만들어진 제도다. 구약성경은 다섯 군데서 도피성에 대해 언급하고 있다(출 21:12-14, 민 35:9-34, 신 4:41-43, 19:1-13, 수 20:1-9).

이스라엘의 고엘 제도는 살해당한 자의 가족이나 친척이 피의 보복을 할 수 있는 권한을 부여하고 있어, 부지중에 살인한 자를 법적으로 보호하지 않으면 피의 복수전이 벌어질 수 있었다.[25] 이런 일을 피하기 위해 만들어진 도피성은 이스라엘뿐 아니라 이방인들에게도 열려 있었다(민 35:15).[26]

---

24 김옥순 2010:200
25 김한옥 2006:133
26 김옥순 2010:202

도피성 제도는 다음과 같은 현대적 의미로 정리해 볼 수 있다.[27]
첫째, 도피성은 수용과 박애의 의미를 갖는다. 고의성 없이 살인한 자는 도피성으로 들어가 생명을 보존할 수 있었다. 안면이 전혀 없는 사람도 이곳에서 사랑을 받았다.

둘째, 도피성은 보호와 공급의 기능을 갖는다. 아무리 많은 사람들이 들어와도 수용할 수 있는 넉넉한 공간을 확보했으며, 이들에게 양식을 공급하는 시설에서도 부족함이나 불편함이 없었다.

셋째, 도피성은 보편성과 개방성의 의미를 내포하고 있다. 이스라엘 자손은 물론 타국인과 이스라엘 중에 우거하는 이방인들에게도 해당되는 제도로서 이방인과 나그네도 모두 이용할 수 있었다. 급하게 도망하는 사람이 언제든 들어올 수 있도록 철저하게 개방하여 피해자들을 보호했다.

넷째, 도피성은 자유와 해방의 의미를 내포한다. 도피성으로 피한 자들은 자유를 상실하는 것이 아니라 구원받은 자유를 누릴 수 있었다. 더욱이 도피성에 피해 있는 동안 대제사장이 죽으면 동시에 그들은 해방되어 완전한 자유를 누릴 수 있었다. 그런 의미에서 도피성 제도는 실제로 인간의 기본 인권과 생명만큼은 철저하게 보호하려는 하나님의 합리적이며 제도적인 사회보장 제도이

---

27 최무열 2003:161-190, 박영호 2004:98에서 재인용

자 중요한 사회안전망 중 하나였다.

다섯째, 도피성은 접근하기 쉬운 곳에 위치하고 있었다. 부지중에 살인한 자가 도피성에 쉽게 이를 수 있도록 이스라엘 백성이 사는 지역 중앙의 높은 산지에 있었다. 이스라엘 전역 어디서든 48킬로미터 이내에 위치하여 누구라도 하룻길 이내에 도착할 수 있도록 했다.

지금까지 구약에 나타난 디아코니아의 성서신학적 근거를 살펴보았다. 이제는 디아코니아의 조직신학적인 근거를 살펴보겠다.

구약에 나타난 디아코니아의 조직신학적 근거

헨리 바네트는 사회봉사가 그리스도 안에 계시된 하나님의 속성에 뿌리를 두어야 한다고 정확하게 주장했다.[28] 데럴 와킨스는 교회의 모든 봉사는 신론과 조화를 이루며 발전되어야 한다고 말했다. 신론은 하나님은 누구신지, 어떤 모습을 지니고 계신지, 인간의 삶에 어떤 역할을 하시는지 등의 논의를 포함한다.[29]

---

28 Barnette 1957, 노영상 2003:149에서 재인용
29 Watkins 2003:150, 노영상 역

구약에 나타난 디아코니아의 조직신학적 근거를 세 가지로 나누어 살펴보겠다. 창조신학적 근거, 약자를 보호하는 하나님의 속성, 하나님 사랑의 보편성이 그것이다.

창조신학적 근거

하나님은 창조 사역을 시작하실 때부터 디아코니아의 의도를 갖고 계셨고, 인간의 행복과 평안에 지대한 관심을 갖고 계신 것을 성경에서 발견할 수 있다.[30]

하나님께서 천지를 창조하시고 인간을 자기 형상대로 지으신 후, 인간에게 만물을 관리하고 다스리는 청지기의 책임을 부여하신 첫 명령인 문화적 위임(Cultural Mandate)은 하나님의 뜻에 부합하는 사회와 역사를 창조하라는 위탁의 의미였다. 하나님은 하나님과 인간과 자연의 온전한 조화가 이루어진 상태를 가리켜 "보시기에 심히 좋았더라"(창 1:31)고 말씀하셨는데, 이것이 바로 샬롬이 충만한 상태다.[31]

이러한 명령에 순종하는 것 자체가 축복이 된다. 이 명령에는 예수 그리스도의 이름으로 행하는 모든 사회봉사나 구제활동이

---

30 황순환 2002:69
31 서정운 1999:43

포함된다.[32] 그러므로 우리는 사람들이 다른 사람들을 위해 창조적 본능을 사용하도록 돕는 노력을 계속해야 한다.[33]

기독교 사회봉사의 기본 이념은 인류가 처음 '하나님의 형상'으로 창조된 사실에서 출발한다. 모든 사람은 그 가치에 따라 평등하며 행복한 삶을 누릴 권리가 있다.[34]

게르트 타이쎈은 "하나님의 형상성은 인간의 유한성 안에서 빛난다"라고 말했다. 인간의 모순된 모습 안에서도 하나님의 형상성이 빛나는 이유는, 하나님의 형상 안에 최고의 도우려는(디아코니아) 의도가 있기 때문이다.[35] 인간은 모순을 지닌 채 절망 가운데 살아가는 것 같지만, 하나님의 형상이 그 안에 있기 때문에 섬김과 봉사의 디아코니아 정신으로 살아갈 때 새 창조의 희망을 가질 수 있다.

하나님의 약자 보호

디아코니아는 기본적으로 고통받는 인간과 피조물에 대한 관심과 돌봄으로 나타나는 신학적 주제를 갖고 있다. 그러므로 하나님

---

32 박영호 2004:81
33 Glasser 2006:56, 임윤택 역
34 김은수 2002:148
35 Theißen 2006:116, 이범성 역

의 속성 중에서도 특히 사회적 약자를 보호하는 그분의 긍휼, 사랑, 거룩하심, 정의 등을 그 안에서 찾아볼 수 있다.

구약에 나타나는 봉사의 직접적인 대상은 사회적 약자들이었다. 그들 중에는 고아와 과부처럼 자기 의지와 상관없이 보호자를 잃어버려 약자가 된 자들도 있었고, 사회의 제도적 모순으로 생긴 약자들도 있었다. 그들 모두가 보호 대상이었다.[36]

데이비드 보쉬는 그의 책 『변화하는 선교』에서 다음과 같이 말한다. 즉 가톨릭 진영의 멕시코 푸에블라 회의(CELAM 제3차 총회, 1979)에서 "가난한 자들에 대한 편애"라는 명제가 나오게 되었는데, 여기서 '편애'란 하나님께서 가난한 자들에게만 관심을 갖는다는 말이 아니라, 하나님의 관심이 우선적으로 향하는 대상이 가난한 사람들이라는 말이다.[37] 하나님께서 사회적 약자를 보호하시는 것은 그분 안에 그러한 속성이 있기 때문이다.

<u>탄원을 들으시는 하나님</u>

개인적, 집단적, 사회적 환경으로 고통당하며 상처 입은 자들은 어떤 문화를 막론하고 근본적으로 탄식이라는 반응을 보이게 마련이

---

36 김한옥 2006:142
37 Bosch 2000:643, 김병길, 장훈태 공역

다. 이스라엘도 마찬가지였다. 탄원과 탄식은 질병과 곤경, 적대자와 거짓 고소, 죄의 고백과 가난, 죽음 등 다층적 요소들에서 오는 세상의 고난에 대한 반응으로 사회적 소외와도 관련이 있다.[38]

그런데 이스라엘이 고통 중에 부르짖는 탄식은 하나님과 인간, 삶과 죽음, 죄책감과 용서가 만나는 접촉점이 되었다. 탄식자는 거기서 하나님과의 새로운 관계를 갖게 된다. 신뢰 속에서 희망을 갖게 되고, 치유하시는 하나님의 약속이 성취됨을 기다리게 된다. 탄식이라는 통로가 하나님과 인간을 서로 섬기는 관계로 전환시키는 것이다.[39]

거룩하신 하나님

하나님의 약자 보호는 또한 그분의 거룩성에 근거한다. 레위기 19장에 나타난 사랑의 계명에는 인생의 전 영역에서 하나님의 뜻인 토라의 목적을 이루기 위한 금지 사항들이 나온다. 이 계명은 18절 "네 이웃 사랑하기를 네 자신과 같이 사랑하라"는 말씀에서 절정을 이룬다. 나아가 34절에서 이웃 사랑의 범위는 더욱 확장된다. "너희와 함께 있는 거류민을 너희 중에서 낳은 자같이 여기며 자

---

38 홍주민 2010:46
39 김옥순 2010:182-183

기 같이 사랑하라 … 나는 너희의 하나님 여호와이니라."⁴⁰

하나님이 거룩하시기 때문에 이스라엘에게도 거룩하라고 명령하신 것은(레 19:2), 궁극적으로는 하나님의 거룩하심에서 이웃 사랑과 이방인에 대한 사랑이 나오고 성장한다는 점을 보여 준다. 하나님의 거룩성은 이웃 사랑과 이방인 사랑의 실천이라는 활동으로 나타난다.⁴¹

<u>정의의 하나님</u>

하나님의 약자 보호는 그분의 정의에서도 찾아볼 수 있다. 와킨스는 구약의 아모스서에 드러난 하나님의 의로우심에 대해 다음과 같이 표현하고 있다.

> 하나님이 의롭다고 하는 것은 그분이 약한 사람들, 가난한 사람들, 위협당하고 있는 사람들, 억압당하는 사람들, 방어할 수 없는 사람들 편에 조건 없이, 그리고 열렬히 서심을 의미한다. 그분은 권리를 거부당하고 박탈당한 겸손한 사람들을 지지하시고, 다른 사람들을 희생시켜 자기 지위와 소유를 지키는 교만하고, 안락하며, 안전하

---

40 김옥순 2010:186
41 김옥순 2010:187-188

게 사는 사람들을 반대하신다.[42]

그뿐 아니라 아모스 5장 21-24절, 이사야 1장 10-17절, 예레미야 7장 1-15절에 나타나는 정의는, 모든 사람이 똑같은 몫을 나누어 가지는 배분적 정의가 아니라 사회적 약자들의 약함을 채워 주고 강하게 하는 정의다.[43]

락탄티우스는 나그네 대접을 궁극적으로 정의와 동등한 것으로 여겼다. "정의의 본질이 우리가 사랑하는 친척들에게 베푸는 것처럼 친절하게 나그네를 대접하는 것이 아니라면 과연 무엇이란 말인가?"[44]

시편 82편은 하나님의 정의와 약자 보호에 대해 기술한 대표적인 본문이다. 테오도어 슈트롬은 이 본문을 하나님이 하나님 되심을 디아코니적 존재로 규명하는 근거로 보고, 여기서 하나님께서 자신의 판단을 선언하신다고 말한다.

"하나님께서 하늘의 모임에서 회의를 진행하십니다. 하나님께서 재판관들에게 말씀하십니다. '너희가 언제까지 악한 자를 변호해 주

---

42 Watkins 2003:159, 노영상 역
43 박동현 1999:123
44 Lactantius, Divine Institutes,176-177, 크리스틴 폴 2002:36에서 재인용

고, 못된 자들의 편을 들려느냐?'(셀라) 약한 자와 고아를 보살펴 주고, 가난한 자와 고통받는 자의 권리를 찾아 주어라. 약한 자들과 어려운 자들을 구해 주고, 악한 자들의 손에서 그들을 구해 주어라. 너희는 무지하며 분별력도 없이 어둠 속을 헤매고 다니는구나. 그러니 세상이 온통 흔들릴 수밖에 없지. 내 말을 들어라. '너희는 신들이며, 지극히 높은 분의 아들들이다'라고 하였으나…"(쉬운성경). 여기서 분명한 것은 하나님께서 하나님 됨의 기준을 '지정하고' 계시다는 것이다. 가난한 자, 고아, 곤궁한 자, 도움이 필요한 자들의 일을 돌보지 않는 빈 개념의 하나님 됨을 거절하고 계신다.[45]

이러한 하나님의 공법과 정의 수행은 하나님 되심 자체에 대한 기준이 된다. 그러므로 신앙인은 고통당하는 자들의 권리를 찾아 주시는 한 분의 신을 섬기는 것이다.[46]

사랑의 하나님

히브리어로 '사랑'에는 세 단어가 있다. '아헤브', '헤세드', '라함'이다. 이 가운데 구약성경에서 가장 많이 사랑으로 번역되는 단어는

---

45 Strohm 2006:18, 이범성 역
46 Crüsemann 2006:93, 김옥순 2010:191에서 재인용

아헤브다.

아헤브는 '사랑'이나 '좋아함'을 나타내는 말이지만, 신명기 10장 19절에서는 이웃 사랑과 관련된 명령에도 사용되었다. "너희는 나그네를 사랑하라. 전에 너희도 애굽 땅에서 나그네 되었음이니라." 이 단어는 이스라엘이 하나님을 위한 인간의 사랑을 말할 때도 사용되었고, 거꾸로 사람들을 위한 하나님의 사랑을 나타낼 때에도(렘 31:3) 사용되었다.[47]

헤세드는 NIV에서는 '사랑'이나 '친절'로, NASB에서는 '자애'로 번역되어 있다. 이 단어는 관계에 적합한 사랑을 표현해 준다. 하나님과 이스라엘 사이의 언약을 체결하게 한 가장 우선적인 동인(動因)이 바로 하나님의 깊은 사랑인 헤세드다.[48] 출애굽기 20장 3절, 신명기 5장 7절은 여호와 이외에 다른 신들을 섬기지 못하도록 금지하고 있다. 여기에서 하나님의 열정이 이스라엘을 향해 질투하는 사랑으로 나타나고 있는 것이다.[49]

라함은 '불쌍히 여기는 마음'으로 번역되기도 하는데, 이 단어는 하나님께서 그분의 자녀들을 긍휼히 여기시거나(미 7:19), 불쌍히 여기시는 마음'을 언급할 때 사용된다(시 103:13). 하나님은 불쌍히

---

47 Watkins 2003:113, 노영상 역
48 Watkins 2003:114, 노영상 역
49 Glasser 2006:128, 임윤택 역

여기는 마음을 갖고 계시고, 자신이 택하신 모든 사람에게 은혜롭고 자비로우신 분이라는 점을 함축하고 있다(출 33:19).[50]

이와 같은 하나님의 사랑은 이스라엘에만 국한된 것이 아니라, 이방인들에게도 표현되고 있다(신 10:17-19). 해방된 땅의 점유자인 이스라엘로 하여금, 그들의 과거 경험에 비추어 현재 상황에서 이제는 하나님께서 이스라엘을 사랑하신 것과 똑같이 이방인들을 사랑하기를 원하시는 것이다. 이스라엘과 이방인을 향한 하나님의 사랑이 역사적인 상황을 넘어서고 있다.[51]

이제 더 이상 게르하르트 울호른이 기독교적 사랑의 행위에 대해 쓴 책의 주제 "그리스도 이전의 세계는 사랑이 없는 세계다"[52]라는 말을 그 누구도 할 수 없게 되었다.

지금까지 구약 성경 안에서 디아코니아가 뚜렷이 나타나고 있는 것을 성서신학적, 조직신학적 근거를 통해 살펴보았다. 천지를 창조하셨을 때부터 예수 그리스도가 오기까지, 하나님은 이스라엘이 열방을 섬기는 민족이 되기를 그토록 원하셨다. 때로는 사랑으로, 때로는 채찍으로 교훈하며 그들과 언약을 맺음으로써 하나

---

50   Watkins 2003:115, 노영상 역
51   김옥순 2010:184-185
52   Uhlhorn 1882:7

님 나라가 이 땅에 임하도록 준비하셨다.

　인간은 하나님의 형상으로 지음받았으나 늘 유한하고 모순 덩어리인 존재다. 그러한 인간이 소망을 갖고 이 세상에서 디아코니아를 실천하며 살아갈 수 있는 이유는, 유한한 인간 안에 하나님의 형상이 있다는 놀라운 사실에 있다.

● 묵상과 적용

1. 십일조와 디아코니아를 연결지어 생각해 본 적이 있나요? 둘의 관계를 우리 삶에 어떻게 적용할 수 있을까요?
2. 하나님께서 이스라엘 민족을 선택하신 것은 특권이 아니라 인류를 섬기기 위한 봉사 도구로의 부르심이었다고 이해한다면, 그리스도인으로 선택받은 우리 삶의 여정은 어떠해야 할지 생각해 봅시다.

3

신약의 디아코니아

신약에 나타난 디아코니아의 성서신학적 근거

신약성경에서 디아코니아는 하나님 나라와 별개로 생각할 수 없다. 이는 예수 그리스도의 디아코니아를 하나님 나라와 분리하여 생각할 수 없는 것과 같다. 이 장에서는 복음서와 사도행전, 바울서신, 초대교회 서신들에서 특징적으로 나타나는 각각의 디아코니아를 성서신학적, 조직신학적 근거를 들어 살펴보겠다.

복음서에 나타난 디아코니아

복음서에 나오는 예수님의 디아코니아는 다른 사람을 돕는 행동으로 나타나며, 그것은 전체적으로 하나님 나라의 활동이었음을 알 수 있다. 하나님 나라의 왕권을 위임받은 예수님은 하나님 나라의 통치 방식에 전적으로 순종하셨다. 그런데 하나님 나라의 통치 방식은 세상의 방식과는 대조되는 섬김의 방식이었다.[1]

복음서의 디아코니아에 관한 중심 구절은 마가복음 10장 45절과 마태복음 20장 28절이라고 할 수 있다. "인자가 온 것은 섬김을 받으려 함이 아니라 도리어 섬기려 하고 자기 목숨을 많은 사람의 대속물로 주려 함이니라." 파울 필리피는 이 구절을 "디아코니아적 강령"이라고도 표현했다.[2] 여기서 섬김의 핵심은 생명의 희생이다. 이러한 섬김은 해방과 자유와 구원을 위한 것이며, 결국에는 예수님의 섬김이 죽음으로 나타난다.[3]

여기서 마태복음 25장 31-46절의 본문을 언급하는 것이 중요하다. 우리는 이 마지막 심판의 비유에서 재미있는 사실을 발견한다. 의인과 악인이 둘 다 각각 예수님을 선대한 것과 박대한 것을 전혀 기억하지 못하고 있다. 그들은 묻는다. "언제 우리가 그렇게 했습니까?"[4]

---

1 김옥순 2010:257-261
2 Philippi 2006:285, 이범성 역
3 김옥순 2010:262
4 박영호 2004:127

이 비유가 우리에게 주는 메시지는 40절 말씀이다. "너희가 여기 내 형제 중에 지극히 작은 자 하나에게 한 것이 곧 내게 한 것이니라." 오른쪽에 선 자들, 즉 의인들의 이 놀라운 질문은 다음의 사실들을 분명하게 말해 준다. 즉 그 일은 '감추어진 현존(現存)'이었고, 그렇기에 어떤 의인도 그에 대해 도무지 알지 못했으며, 그들은 자신도 알지 못하는 사이에 예수님을 선대하는 일을 옥에 갇힌 자들, 굶주린 자들 등을 섬기는 사랑의 행위 속에서 찾고 발견했다는 것이다.[5]

마더 테레사는 어느 기자와의 질문에서 이렇게 말했다.

우리가 돌보는 가난한 이들이 그리스도의 몸이라는 것을 믿지 못한다면 우리는 이 일을 절대 할 수 없을 겁니다. 아무리 돈을 많이 준다 해도 할 수 없습니다. 사회가 외면하고 돌보지 않고 일도 주지 않는 사람들, 아무 쓸모없고 누구도 돌보지 않는 이 사람들 안에서 우리는 하나님을 봅니다. 바로 여러분과 제가 그런 사람들을 찾아 도와야 합니다. 우리는 그런 사람들에게 눈길 한번 주지 않고 지나칠 때가 많습니다만, 그들은 우리 눈에 띄려고 그곳에 있습니다.[6]

---

5 Wendland 2006:277, 이범성 역
6 Poplin 2010:56, 이지혜 역

누가복음에서는 우리말로 '일'이라고 번역된 디아코니아의 사용을 눈여겨볼 필요가 있다. "주여 내 동생이 나 혼자 일하게 두는 것을 생각하지 아니하시나이까. 그를 명하사 나를 도와주라 하소서"(눅 10:40). 여기서 일이 음식과 관련되어 '식사를 준비하다'라는 의미로 사용된 것으로 보아, 누가복음에서 일반적으로 음식을 만들거나 직접 차리는 일을 가리키는 데 디아코니아가 분명하게 사용되었다는 점을 알 수 있다.[7]

요한복음에는 디아코니아라는 단어가 한번도 등장하지 않는다. 그러나 요한복음이 강조하는 '사랑' 안에 이미 봉사와 섬김이 내포되어 있다. 특히 요한복음 13장의 세족 행위는 주님 되신 예수님께서 스스로 종의 모습을 취하여 제자들의 발을 씻기심으로써 그분의 제자들은 물론 오늘날 그리스도인들에게 섬김의 본이 되어 주심을 나타내고 있다.[8] 예수님께서 실천하신 세족의 섬김은 어떤 형태의 권력 관계이든 자발적으로 포기하는 것을 의미한다. 참된 섬김은 스스로 모든 형태의 권력 관계를 포기하는 데서 가능하기 때문이다.[9]

사도행전 6장에는 두 종류의 섬김이 나온다. 구제로 섬기는 것

---

7 박창현 2002:94
8 김한옥 2006:174-175
9 박영호 2004:123

과 말씀으로 섬기는 것이다.[10] 하나는 "말씀으로 섬김"(설교와 성례)이고, 다른 하나는 "말씀에 반응하는 차원에서의 섬김"이다.[11] 2-4절에는 열두 사도가 기도와 말씀 사역에 힘을 다하기 위해 일곱 사람을 택하여 그들에게 공궤(디아코니아)를 맡겼다는 구절이 나온다. 여기서 누가는 기도와 말씀을 공궤에 대치시킨 것이 아니라, 말씀 전하는 일과 공궤를 표현하는 데 모두 같은 단어 디아코니아를 사용하고 있다.[12]

이렇듯 복음서와 사도행전에는 예수님과 함께했던 제자들의 증언을 통해 예수님의 디아코니아가 분명하게 드러나고 있다. 디아코니아로 일하시는 하나님은 예수님 안에서 활동하셨고, 예수님은 섬김으로 활동하셨다.

하나님 나라와 디아코니아

복음서에 나타나는 예수님의 디아코니아 사역은 하나님 나라의 활동이었다고 앞에서 말했다. 이제 좀 더 구체적으로 이 부분을 살펴보려 한다.

"때가 찼고 하나님의 나라가 가까이 왔으니 회개하고 복음을

10　정용갑 2009:80
11　이형기 2001:61
12　박창현 2002:97

믿으라"(막 1:15). 이 말씀은 예수 그리스도의 오심으로 하나님 나라가 이제 더 이상 미래에 속한 것이 아니라 현재 실존하는 것임을 선포하고 있다.[13]

신약에 나타나는 디아코니아는 하나님 나라와 별개의 것으로 생각할 수 없다. 위르겐 몰트만은 그의 책 『하나님의 나라와 봉사의 신학』에서 하나님 나라와 디아코니아(봉사)에 관하여 다음과 같이 말했다.

> 하나님 나라에 대한 전망이 없다면, 봉사는 그저 보상하고, 회복시켜 주는 역할을 하는 이상 없는 사랑이 되고 만다. 봉사 없이는 하나님 나라에 대한 소망은 단지 요구하고 고발이나 하는 사랑 없는 유토피아가 되고 만다. 그래서 봉사적 실천은 사랑을 소망과 관련시키고, 하나님 나라를 구체적인 필요와 관련짓는 데서 나타난다.[14]

예수 그리스도의 성육신이 의미하는 바는, 하나님께서 역사 속에 예수 그리스도를 보내심으로 아들 예수를 통해 하나님 나라의 운동을 전개하신 것이다. 이를 통해 하나님만이 만물의 창조주

---

13 Glasser 2006:300, 임윤택 역
14 Moltmann 1999:68, 곽숙희 역

시고 주권자시며 역사의 주인이자 인간과 만물을 회복하는 구원의 주가 되심을 선언하셨다.[15]

위르겐 몰트만은 하나님께서 가까이 오심으로써 노예와 병든 자, 가난한 자, 죄인들이 해방되고, 그들이 고유한 자유를 갖도록 그분이 그들에게 힘을 주신다고 말했다. 이렇듯 복음은 오시는 하나님과 자유하게 된 인간을 선포하는 것이므로 제2이사야(이사야 40-66장)가 밝히고 있는 것처럼, 이러한 복음과 함께 새로운 창조의 약속된 땅으로 향하는 종말론적인 출애굽이 시작되는 것이다. 우리가 그들, 즉 노예와 병든 자, 가난한 자, 죄인들의 공동체 가운데로 들어가 그들을 하나님 나라의 구성원으로 인정하고, 우리 또한 그들로부터 형제로 받아들여질 때, 우리는 거기서 예수님과 함께하는 하나님 나라를 발견하게 된다.[16]

예수 그리스도는 잃어버린 하나님 나라를 회복하려고 이 땅에 오셨다. 그분이 계신 곳에서 사람들은 하나님 나라를 맛보게 된다. 이것이 하나님 나라 운동이다. 하나님 나라에서는 창조 질서에 위배되는 모든 것이 회복되고, 죄 용서와 함께 주어지는 참 행복과 평화가 있다. 하나님 나라는 고통을 없애 줄 뿐 아니라 생활

---

15   김지철 1999:133
16   Moltmann 1999:73-75, 곽숙희 역

속에서 만나는 모든 악한 세력들을 극복한다. 하나님 나라를 지향하는 예수님의 사역은 인간에게 진정한 행복을 가져다준다.[17] 이러한 하나님 나라 운동은 예수님으로부터 제자들에게로, 마침내 우리에게로 옮겨지며 점점 확장되어 간다.

식탁 공동체와 디아코니아

문화인류학자 이태주는 그의 책 『문명과 야만을 넘어서 문화 읽기』를 시작하며 다음과 같이 말한다.

> 나는 문화인류학자로서 장기간 현장 연구를 한다고 이 나라 저 나라를 많이 돌아다녔다. 관료에서 가난한 주민에 이르기까지 현지 사람들과 '함께 먹고 마시는' 즐거움과 고통을 경험했다. 함께하는 식사는 단지 먹는 행위 이상의 특별한 의미를 갖는다. 함께 먹는 것은 일종의 종교 행위이고 정치 행위라고 할 수 있다. 역사를 보면 모든 역사는 결국 '밥상 공동체'에서 벌어진다.[18]

디아코니아와 관련해 식당 공동체는 성만찬과 더불어 중요한

---

17 김한옥 2004:180
18 이태주 2006:7

의미를 갖는다. 예수님은 죄인과 세리들과 기꺼이 함께 식사를 하셨는데, 이 식사 공동체 가운데 나타난 하나님 나라의 강조점을 다음 네 가지로 정리해 볼 수 있다.

첫째, 고대 사회에서 식사 공동체는 친근성을 나타낸다.

둘째, 예수님이 죄인과 세리의 친구라는 비난은 대적자들이 그분에게 불명예스럽게 붙인 별명이므로, 예수님이 이들의 친구가 되신다는 것은 관계의 개방성을 의미한다. 당시에 사회적 선입견으로 인해 인간으로서 그들이 당하고 있는 고통을 치유하며, 하나님 나라에서 인정받는 인간의 가치를 드러내신 것이다.

셋째, 의로운 자에 대립되는 개념으로 볼 때 당시 세리는 죄인과 동등하게 아래 서열에 위치했다.

넷째, 죄인들과 함께하는 예수님의 식탁 공동체는 예수님께서 자신을 개방하여 사회적 편견에 치여 밀려난 자들을 하나님의 은혜로 새롭게 창조되는 기쁨 속으로 초대하는 메시아적 만찬을 의미한다. 예수님께서 그들과 함께하는 식탁 공동체는 다름 아니라 그들을 섬기는 봉사의 자리였다.[19]

---

19 김옥순 2010:284-285

누가의 선교신학에서도 식탁 교제가 강조된다. 요하네스 니센은 누가가 소외된 자들과 함께하신 예수님의 식탁 교제에 특별히 관심을 기울이고 있음에 주목했다. 예수님은 불결한 사람들과 외부인들을 식탁 교제에 참여시킴으로써 종교적 금기를 깨뜨리시고, 하나님의 백성임을 자칭하는 유대사회의 정결성 또한 위협하신다. 나아가 이러한 식탁 공동체는 초대교회에서도 중요한 역할을 했다. 그들의 식사는 곧 사람들을 새로운 공동체로 초청하는 것을 의미했다. 환대(hospitality)는 누가의 선교를 이해하는 데 매우 중요한 요소 중 하나다.[20]

예수님의 제자들은 마지막 만찬을 앞두고서도 그들 중에 누가 더 크냐를 놓고 다투고 있었다. 이 문제에 대해 예수님께서 누가복음 22장 26-27절에서 하신 말씀을 필리피는 디아코니아적으로 해석한다. 이는 식탁 공동체와 디아코니아의 상관성을 이해하는 데 도움이 된다.

너희 중에는 그렇지 않다. 도리어 너희들 가운데 더 크고자 한 자가 더 어린 자와 같이 될 것이나. 다스리기를 원하는 사람(용어 기술상 교회 지도자)은 식탁에서 시중드는 사람(헬라어로 '디아코니아' 하는 사

---

20 Nissen 2005:94, 최동규 역

람, 즉 섬기는 사람) 같아야 한다. 누가 더 큰 자인가? 식탁에 앉아서 먹는 자인가(유월절 식사 때 남자는 마치 자유로운 로마인처럼 식탁에 기대어 눕는다), 아니면 시중드는 자('디아코니아' 하는 사람)인가? 식탁에 기대어 누운 자가 아닌가! 그러나 나는 너희 가운데에 시중드는 사람('디아코니아' 하는 사람)으로 있다.[21]

이 식탁 공동체는 예수님께서 죄인들과 함께하신 식사에서 시작하여 십자가에 달리시기 전에 제자들과 마지막으로 나눈 식사에서 정점을 이루며, 초기 기독교 공동체에서 행해진 새로운 언약으로서의 성만찬으로 연결되고 있다. 이 자리에서 나누는 빵과 포도주는 구속사적인 희생의 그리스도를 기념한다. 그뿐 아니라 언약의 법은 하나님 나라의 새로운 언약 백성으로서 누리는 그분의 피로 세운 새 언약이다(마 26:26-30, 눅 22:15-20, 고전 11:23-25).

그래서 하나님 나라의 새로워진 언약 백성이 예수 그리스도께서 새롭게 세우신 새 언약의 법 안에서 성만찬에 참여하게 된다. 이것은 예수 그리스도의 십자가 사랑을 기억하며, "서로 사랑하라"는 새 계명을 구체적으로 실천하며 살아가는 것을 의미한다.[22]

---

21 Philippi 2006:293, 이범성 역
22 Philippi 1975:137, 김옥순 2010:286에서 재인용

이것이 하나님 나라의 내용이며, 디아코니아로 오늘을 살아가는, 이미 왔으나 아직 완성을 향해 가는 하나님 나라의 삶이다.

바울 서신에 나타난 디아코니아

디아코니아에 대해 바울은 그리스도인이 자신의 모든 소유를 포기하는 것이 아니라, 풍성하게 가진 자들이 궁핍한 자들과 나누고(고전 16:20, 고후 8:14), 그럼으로써 많이 거둔 자도 남지 않고 적게 거둔 자도 모자라지 않게 하는 것임을 강조한다(고후 8:15).[23]

바울에게 복음 선포의 직무와 이웃에 대한 봉사의 직무는 모두 디아코니아라는 단어로 묶일 수 있다. 로마서 15장 8절과 고린도후서 3장 8절에서, 바울은 그리스도와 성령의 사역을 디아코니아라는 단어로 표현하길 주저하지 않는다.[24] "내가 말하노니 그리스도께서 하나님의 진실하심을 위하여 할례의 추종자(디아코논)가 되셨으니 이는 조상들에게 주신 약속들을 견고하게 하시고"(롬 15:8). "하물며 영의 직분은 더욱 영광이 있지 아니하겠느냐"(고후 3:8).

봉사의 중요성은 예루살렘 교회를 위한 모금 활동에서도 나타나는데, 이것이 곧 디아코니아였다. 이는 가난한 자들과 위기에 빠

---

23 Banks 1991:144, 장동수 역
24 김한옥 2006:190.

진 자들을 돕는 봉사였고, 섬기는 봉사는 예배와 따로 떼어 생각할 수 없다. 예루살렘 교회가 가난한 자들을 돌본 것은 예배의 차원으로까지 높여서 생각할 수 있는 일이었다.[25]

바울이 자신의 고유한 사도적 의무를 디아코니아로 이해하고 있었음을 그의 서신 여러 군데에서 발견할 수 있다(고후 3:3-6, 4:1, 11:8, 롬 11:13). 그리스도의 봉사자로서 말씀을 증언하는 그의 사도직이 교회 공동체의 봉사자로서 말씀을 실천하는 디아콘의 봉사 직무와 분명히 결합되어 있는 것이다. 그는 말씀을 선포했고, 또한 교회 공동체 안에서 생계 돌보는 일을 했다.[26]

바울이 예루살렘 사도회의에서 사도적 권위를 확인받고 이방을 향해 갈 때, 사도들에게 한 가지 위임받은 사항이 있었다. 그것은 복음이 전파되는 곳마다 반드시 '가난한 자들이 기억되도록' 하는 것이었다(갈 2:10). 즉 우리가 전하는 복음에는 가난한 자로 총칭되는 물질적, 정신적, 영적으로 고통당하는 사회적 약자들을 돌보는 일이 포함되어야 한다. 다시 말해, 예수님의 복음은 말씀 봉사와 약자들을 돌보는 섬김 봉사의 결합체다.[27]

고린도전서 11장을 보면, 사람들은 모이고 기도하고 하나님을

---

25 김옥순 2010:311
26 김옥순 2010:313-314
27 김옥순 2010:318

찬송했고 복음을 선포했다. 그리고 저마다 가져온 것을 내놓고 함께 먹었다. 이 식사 시간의 틀 안에서 성만찬이 이루어졌고, 그 틀 안에서 사회적 약자들이 직접 식탁에서든지, 아니면 간접적으로 그들의 병원 침상에서든지, 아니면 수감된 곳에서든 먹을 것을 얻으며 교회 대표들에게 섬김을 받았다.[28] 바울 서신을 통해 우리는 바울이 세운 교회 공동체의 디아코니아가 항상 공동 식사를 통해 이루어졌음을 알 수 있다.

결론적으로 말해, 우리의 행위는 결국 "위하는 구조"(어느 한편이 다른 한 편을 위해 항상 무언가를 행하거나 주는 구조. 한편이 주체가 되고 다른 한편은 객체가 되는 구조)가 아니라 "함께하는 구조"(모두가 함께 무언가를 하며, 주는 자인 동시에 받는 자인 구조. 모두가 공동체에 긍정적으로 기여하는 구조)에서 완성된다.[29] 우리 모두는 개개인으로 사는 것이 아니라 그리스도가 머리이신 교회의 지체로 살기 때문이다.

초대교회 서신서에 나타난 디아코니아

초대교회 서신서들이 많이 있지만, 그중에 특별히 베드로전서와 요한서신, 야고보서에 나타나는 디아코니아를 중심으로 살펴보겠다.

---

28 Philippi 2006:296. 이범성 역
29 Bach 2006:308. 이범성 역

먼저, 베드로전서를 보면 신앙인들이 하나님의 집에서 서로를 세워 주는 섬김에 대한 가장 중요한 말씀이 4장 7-11절에 나오고 있다. "만물의 마지막이 가까이 왔으니 그러므로 너희는 정신을 차리고 근신하여 기도하라. 무엇보다도 뜨겁게 서로 사랑할지니 사랑은 허다한 죄를 덮느니라. 서로 대접하기를 원망 없이 하고 각각 은사를 받은 대로 하나님의 여러 가지 은혜를 맡은 선한 청지기같이 서로 봉사하라. 만일 누가 말하려면 하나님의 말씀을 하는 것같이 하고 누가 봉사하려면 하나님이 공급하시는 힘으로 하는 것같이 하라. 이는 범사에 예수 그리스도로 말미암아 하나님이 영광을 받으시게 하려 함이니 그에게 영광과 권능이 세세에 무궁하도록 있느니라 아멘." 우리는 하나님께서 공급하시는 사랑으로 서로를 뜨겁게 섬겨야 하고, 여기에는 남녀노소의 예외가 없다.[30] 그뿐 아니라 겸손함으로 서로를 섬겨야 하는데, 이러한 섬김의 목적은 하나님을 찬양하기 위함이며, 하나님 찬양은 결국 사랑으로 서로를 섬기는 디아코니아로 귀결된다(벧전 2:11-12).

요한서신은 사랑한다는 것이 무엇을 의미하는지 밝혀 주고 있다. 요한일서 2장 4-5절은 그분의 계명을 지키는 자가 하나님을 사랑하는 자이고, 하나님을 사랑하는 자는 형제를 사랑하지 않을

---

30 김옥순 2010:329-330

수 없다고 말한다(요일 4:20). 요한일서 1장 7절은 "우리도 빛 가운데 행하면 우리가 서로 사귐이 있[다]"고 말하는데, 이것은 서로서로의 공동체를 의미한다.[31] 빛 가운데 거한다는 것은 예수님께서 하신 것처럼 어둠 가운데 있는 자들을 향해 빛을 비추는 것이다. 우리는 그 빛을 우리의 디아코니아로 비출 수 있다.

야고보서는 행하지 않으며 듣기만 하는 자에게는 말씀이 아무런 의미가 없고, 말씀을 받고 행하는 자는 자신의 행동 가운데서 하나님의 복을 받는다고 계속해서 말하고 있다(약 1:25). 특히 약자들에 대한 봉사를 디아코니아와 연관짓고 있다. 진정한 예배란 일상의 삶에서 사랑으로 약자들을 돌보는 활동이라는 것이다.[32]

지금까지 신약성경에 나타난 디아코니아의 성서신학적 근거를 복음서와 사도행전, 바울 서신, 초대교회 서신을 통해 살펴보았다. 예수님의 섬김 사역에서부터 시작하여 초대교회 서신들에 이르기까지 디아코니아라는 하나의 줄기가 이어지고 있음을 볼 수 있다. 이제 디아코니아의 조직신학적 근거들을 살펴보면서 더욱 이러한 확신으로 나아가 보겠다.

---

31 김옥순 2010:333
32 김옥순 2010:337

신약에 나타난 디아코니아의 조직신학적 근거

디아코니아로 일하시는 하나님은 예수 그리스도 안에서 활동하시고, 예수 그리스도는 섬김으로 활동하셨음을 앞에서 살펴보았다. 디아코니아가 신약에서 어떤 신학적 근거를 갖고 있는가는 조직신학적으로 여러 측면에서 드러나지만, 여기서는 예수 그리스도의 성육신과 십자가를 중심으로 하는 기독론적 근거와 교회론적 근거를 위주로 살펴보겠다.

기독론적 디아코니아

예수님의 섬김 사역이 가장 잘 요약된 단어를 말하라고 한다면, "인자의 섬김"이라고 할 수 있다.[33] 이러한 섬김은 그분의 성육신과 십자가에서 가장 잘 나타나고 있다.

파울 필리피는 교회 봉사의 근원을 그리스도의 성육신 사긴 지체에서 찾아냄으로써 그 어려움을 극복할 수 있다고 보았다. 그는 "사랑의 실천 행위는 기독교 신앙의 근본 행위이며, 더 정확히 말하자면 예수 그리스도의 성육신에 그 뿌리를 두고 있다"는 사실을

---

33 박영호 2004:121

분명히 했다.[34]

　아서 글라서도 예수님께서 성육신 모델을 제자들에게 보여 주셨는데, 성육신 모델의 핵심은 다른 사람들을 섬기는 데 있음을 강조했다.[35]

　또 다른 성육신의 의미는 마태복음 1장 23절에 나와 있는 것처럼, 임마누엘 즉 하나님이 우리와 함께하신다는 것이다. 누가복음 22장 27절에서 예수님은 "나는 섬기는 자로 너희 중에 있노라"고 말씀하셨다. 여기서 성육신은 섬기는 자로 우리와 함께하시는 임마누엘의 주님 되심을 말한다. 예수 그리스도는 사람들 위에서 군림하는 하나님으로 오신 것이 아니라, 사람들 가운데 거하는 한 인간으로 와서 인간들과 함께 삶을 나누셨다.[36]

　파울 필리피의 말을 빌리면, 예수님은 인간들이 고대하는 하나님이 되신 게 아니라 하나님께서 인간이 되신 희망의 메시아시다.[37]

　신약성경이 말하는 디아코니아는 다른 사람을 불쌍히 여기고 동정심을 갖고 돌보되 그들과 나를 별개의 존재로 인식하는 행위가 아니다. 또한 나를 다른 사람들을 위한 존재로 생각하여 그들

34　Daiber 2005:49-50, 황금봉 역
35　Glasser 2006:326, 임윤택 역
36　박영호 2004:118
37　Philippi 1975:29, 김옥순 2010:266에서 재인용

을 처음부터 나보다 한 단계 낮은 존재로 여기고 도움을 주는 것도 아니다.[38] 진정한 디아코니아는 예수 그리스도가 인간을 돕기 위한 존재로 오신 것이 아니라, 그들과 함께하는 존재로 그들 가운데로 와서 섬기신 성육신의 삶이다.

울리히 바흐는 바알 신앙에 근거한 신앙을 비판하며 "우리는 바알 같은 하나님을 원한다. 바알은 우리와 다른 사람을 잘되게 하고, 우리 개개인의 인생과 우리와 함께 사는 사람들 가운데서 십자가를 막아 주거나, 적어도 그것을 감당하게 해주지만, 우리가 바알로부터 돌아서서 십자가에 달리신 이를 향해야 신앙이 성숙해진다"고 말했다.[39]

아서 글라서는 누구든지 하나님의 뜻에 따라 자기 세대를 섬기려면, 다시 말해서 공적으로나 사적으로 하나님, 하나님의 백성, 민족들 가운데 이루어지는 하나님의 선교에 동참하려면 위험부담을 감수해야 하는데, 여기에 선택의 여지는 없다고 말했다.[40] 섬김에는 반드시 고난이 따르는 법이다.

조지 래드는 십자가를 단순한 짐으로 생각하는 사람들을 향해 강하게 말했다. "십자가는 짐이 아니다. 십자가는 죽음이 있는 자

---

38   박창현 2002:103
39   Bach 2006:301, 이범성 역
40   Glasser 2006:116, 임윤택 역

리에 세워진다는 사실을 기억하라 … 당신이 십자가를 지고 간다면, 반드시 골고다까지 가서 자신이 직접 십자가에 못 박혀 죽어야 한다."[41]

위르겐 몰트만 역시 개신교 봉사의 기초를 놓는 사람들은 "봉사를 시작하고자 할 때 고통과 죽음을 각오해야 한다"고 요구했는데, 사람들은 그 말을 의아하게 여겼다.[42] 많은 사람들이 십자가의 영광은 바라지만 십자가의 고난은 원치 않기 때문이다. 몰트만은 계속하여 구원의 메시아적 비밀은 고통을 거부하고 피하는 것과는 정반대이며, 그것은 기꺼이 고통을 받아들이는 것이고, 다른 사람들이 살 수 있도록 그들을 위해 고통을 감당하고자 하는 것임을 지적했다.[43]

울리히 바흐는 그의 책에서 십자가의 그리스도를 잘 요약하고 있다.

> 세상에서 가장 역설적인 공식은 "십자가에 달리신 하나님"이라고 프리드리히 니체는 말했다. 이보다 더 섬뜩하고 이해 안 되며 기이하도록 무모한 표현이 또 있을까? 이 무모함은 모든 고전적 가치를 새

---

41 Ladd 2010:167, 박미가 역
42 Moltmann 1999:77, 곽숙희 역
43 Moltmann 1999:78-79, 곽숙희 역

롭게 평가할 것을 요구한다. 하나님은 싸움에 나가 이기고 의기양양히 돌아오는 높은 곳의 하나님이 아니시다. 예수님의 목적은 모두의 높아짐에 있지 않고, 우리 인간들의 공동체 가운데 계시며 이 "함께 함"을 아래에서든, 중간에서든, 혹은 위에서든 실현하는 데 있다.[44]

교회론적 디아코니아

도로테 죌레에 의하면 생명력 있는 교회는 케리그마, 디아코니아, 그리고 코이노니아를 기본 요소로 갖고 있다.[45] 이 중에서 개신교가 케리그마(말씀 선포)를 지나치게 강조하다 보니 자연히 디아코니아와 코이노니아에 대해서는 소홀하게 되었다. 그러나 교회는 하나님 나라를 향한 개방성 속에서 타자를 위한 섬김의 공동체가 되어야 한다.[46] 어느 하나만을 강조하거나 치우침 없이 동등하게 세 가지 본질을 구체화할 때, '교회의 표지'(標識, marks)가 잘 드러나는 참다운 교회가 가능해질 것이다.[47]

그리스도를 닮아감이라는 문제와 관련해 잊어서는 안 될 것이 있다. 그것은 경건주의자들이 흔히 생각하듯 각성된 개인이 추구

---

44 Bach 2006:307, 이범성 역
45 Sölle 1998:203, 서광선 역
46 김옥순 2010:417
47 김옥순 2010:420

해야 하는 덕목에서 그치지 않고, 우리가 어우러져 함께 사는 하나의 새로운 공동체 차원에서 드러나야 한다는 것이다. 우리는 한 개인으로 그리스도인이 될 수 있다. 그러나 그리스도인이 됨으로써 이제는 한 개인으로 남는 것이 아니라 한몸의 지체로 살고 행동하게 된다.[48]

1948년 7월 13일자 독일 개신교회의 기본 법규 제15조 1항은 "독일 개신교 총회와 그 소속 교회는 그리스도의 사랑을 말과 행동으로 전파하라는 부르심을 받았다. 이 사랑은 교회의 모든 구성원이 가져야 하는 의무이며, 교회의 디아콘(집사: 봉사직) 직책에서 특별한 방식으로 구체화 된다. 그에 따라서 교회 봉사로 이어지는 선교 사업은 교회의 존재 및 삶을 외적으로 표현하는 것이다"라고 밝히고 있다. 이 역시 디아코니아의 근거를 기독교 신앙의 핵심에서 찾으려는 시도로 볼 수 있다.

디아코니아는 해도 되고 안 해도 되는 부차적인 것이 아니라 기독교적 증언인 하나님의 말씀 선포에 기본적으로 속하는 것이라고 칼 프리츠 다이버는 힘주어 말했다.[49] 파울 필리피, 위르겐 몰트만, 울리히 바흐, 에른스트 케제만 등의 신학자들도 니아코니아를

---

48 Philippi 2006:289-290, 이범성 역
49 Daiber 2005:50-51, 황금봉 역

신학적 연구 주제로 삼는 데서 그치지 않고 교회 공동체에서 구체적으로 실천해야 한다고 입을 모아 강하게 주장했다. 김옥순은 디아코니아를 교회의 본질로 정리하면서 "우리는 바울이 신앙인의 공동체를 하나의 몸으로 비유한 것이 단지 선언적이고 인식적인 것이 아니라 세상 속에서 신앙인 공동체로 살아가는 삶의 형태를 말하는 것으로 이해할 수 있다"고 말했다.[50]

예수님께서 베드로, 요한, 야고보와 함께 변화산에 올라간 사건을 기억하는가? 세 제자는 그곳이 너무 좋아서 내려오고 싶어하지 않았다. 산 밑은 온갖 병자들과 굶주린 자들이 있고 다툼과 시기가 끊임없이 일어나는 곳이다. 그러나 예수님은 산 위 고지에서 영적 체험을 하고 나서 혼돈의 산 밑으로 내려가 어지럽고 복잡한 사회를 정면 돌파하도록 재촉하셨다. 예수님은 산 위 고지를 점령하기 위해 초자연적인 모습으로 변화하신 것이 아니라 산 밑, 즉 이 세상을 위해 변화하신 것이다. 이것은 교회가 언제나 산 밑의 세계로 '내려가려는' 자세를 갖고 존재해야 한다는 사실을 분명히 보여 주는 사건이다.[51] 하나님께서 우리에게 디아코니아로 살아가도록 허락하신 곳은 바로 이 세상이다.

---

50 김옥순 2010:430
51 박영호 2004:123-124

위르겐 몰트만은 "세상은 하나님의 나라를 실험하는 장"이라고 말했다.[52] 예수 그리스도는 하늘의 보좌를 버리고, 이 세상에 오셔서 우리 가운데 거하며 우리와 함께 디아코니아의 삶을 사셨다. 우리는 그런 예수 그리스도를 구주로 고백하고, 그분의 삶을 따라가는 제자들이다. 불완전한 우리가 지금 여기서 하나님 나라를 온전히 만들어 갈 수는 없다.

그러나 우리는 제랄드 고트의 말처럼, "하나님의 통치의 '이미'와 '아직' 사이의 긴장으로부터, 구원직설법(구원은 이미 현실이다!)과 구원가정법(포괄적인 구원은 아직 더 성취되어야 한다!)의 긴장으로부터 구원명령법(구원의 사역에 동참하라!)"[53]을 매일, 계속해서, 지속적으로 우리 삶에서 이루어 가야 한다.

● 묵상과 적용

1. 누군가와 식사를 하면서 문제가 해결되거나 관계가 회복된 경험이 있다면 나누어 보세요. 함께 먹는 것은 어떤 의미가 있을까요?
2. 현지인보다 우월한 위치에서 도움을 주는 자로 자신을 인식하는 것은 선교사들이 선교지에서 흔히 저지르는 실수입니다. 신약에 나타난 디아코니아의 모습은 이에 대해 어떤 가르침을 주나요?

52　Moltmann 1999:68, 곽숙희 역
53　Gort 1988:214, Bosch 2000:592에서 재인용

4 디아코니아의 여성성

구약의 여성관을 주제로 한 성경 연구는 주로 서구의 백인 남성 신학자들이 주도해 왔다. 그 결과 남성의 생리와 관점, 가부장적인 사회적 관습을 벗어나지 못한 채 진행되어 온 것이 사실이다.[1] 이 장의 제목을 '디아코니아의 여성성'이라고 정한 것은 남성 디아코니아와 여성 디아코니아가 따로 존재해서가 아니다. 사실 남성과 여성을 거론하자면 여성신학을 이야기하지 않을 수 없다. 그러나 이 책은 디아코니아에 초점을 맞추고 있으므로, 특별히 성경에서 발견할 수 있는 디아코니아의 여성성과 더불어 여성들의 디아코니

---

[1] Bird 1997:174-193, 우택주 2006:15에서 재인용

아 사역을 강조하며 이야기를 풀어 가겠다.

구약에 나타난 디아코니아의 여성성

먼저, 구약성경에 나타나는 여성의 위치는 매우 낮게 평가되고 있다. 여성은 남성의 지배를 받는 남성의 소유물이고, 인류가 짊어진 원죄의 장본인이며, 제의에 참석할 자격조차 없고, 인구조사시 그 수에 들어가지도 못하는 열등하고 부정한 존재, 게다가 이방 종교에 쉽게 물드는 존재로 묘사되고 있다.[2]

그럼에도 불구하고 구약성경은 여성의 디아코니아, 혹은 디아코니아의 여성성을 분명하게 드러내고 있다. 이 장에서는 하나님의 형상으로 지음받음 여성, 돕는 배필로 지음받은 여성, 하나님의 속성 가운데 나타나는 여성의 이미지를 중심으로 살펴보겠다.

하나님의 형상으로 지음받은 여성

1세기에 널리 사용된 랍비의 기도문 중에 다음과 같은 구절이 있다고 한다. "나를 이방인으로 태어나지 않도록 해주신 하나님을

---

2 이경숙 2000:469

찬양할지어다. 나를 여성으로 태어나지 않게 하신 하나님을 찬양할지어다. 나를 무지한 자로 태어나지 않게 하신 하나님을 찬양할지어다."[3]

그러나 창세기 1장 26-30절을 보면, 하나님은 당신의 형상으로 사람을 만드셨다고 기록하고 있다. 존 맥아더는 그의 책 『남성과 여성: 그 아름다운 하나님의 계획』에서 남자와 여자가 하나님의 형상으로 지음받았다는 것은 두 가지 의미를 갖는다고 말한다. 첫째는 하나님께서 남자와 여자를 모두 당신의 형상으로 창조하셨다는 것이다. 즉 남자뿐 아니라 여자도 이성을 가진 인격체이며 똑같은 지성과 감성과 의지를 소유했기 때문에 사고하고 느끼고 선택할 수 있는 능력이 있다. 둘째는 하나님께서 남자와 여자에게 똑같이 "생육하고 번성하여 땅에 충만하라, 땅을 정복하라"(창 1:28)고 말씀하신 것은 남자와 여자가 공동 통치자라는 의미라는 것이다.[4] 창세기 본문 어디서도 남성과 여성 사이의 위계 질서를 암시한 곳을 찾아볼 수 없다.[5]

김세윤은 칼 바르트의 해석을 빌려, 인간이 하나님의 형상을 지녔다는 것은 하나님과 관계할 수 있는 존재라는 뜻이라고 말했

---

3 Swidler 1979:155, MacHaffie 1995:7에서 재인용
4 MacArthur 2000:25, 조계광 역
5 우택주 2006:19

다. 여러 성경신학자들이 밝히고 있는 것처럼, 인간은 하나님과 비슷한 존재로서 하나님의 대표자 혹은 대리자로 세워졌다는 것이다.[6]

스탠리 그렌즈와 데니스 키예스보 역시 하나님의 형상은 주로 관계적인 개념이며, 우리 인간은 하나님의 형상을 관계적인 면에서 반영하는데, "하나님의 형상은 개인의 소유가 아니라 공동으로 혹은 사회적 실재로 인간관계 내에서 존재하는 것 혹은 '공동체' 내에 존재하는 것"이라고 말했다. 인간은 교제를 통해 하나님의 본성을 반영하기 때문에 각각의 사람은 다른 사람과 공유하는 삶의 상황 속에서만 하나님의 형상에 참여한다. 오직 다른 사람과의 관계 속에서만 우리는 하나님과 닮은 모습을 보일 수 있다는 것이다. 하나님은 곧 사랑의 공동체시기 때문이다. 아버지와 아들과 성령의 영원한 관계를 생각해 보라. 요약하면 하나님께서 당신의 형상을 따라 인간을 창조하셨다는 것은 인간(남성과 여성)이 하나님의 대표자로 부름받아 관계적인 그분의 역동성을 드러내야 한다는 의미다.[7]

이삭과 아비멜렉의 잔치(창 26:28-31), 야곱과 라반이 함께한 만

---

6 김세윤 2004:14
7 Grenz, Kiesbo 1998:223-224, 이은순 역

찬(창 31:43-54), 이스라엘 장로들과 모세의 장인 이드로가 나눈 식사(출 18:12), 다윗과 아브넬이 맺은 평화 계약에 따른 잔치(삼하 3:20 이하) 등에서 발견할 수 있는 사실은, 구약에서 계약 체결 당사자들이 함께 '먹고 마시는' 의식은 시간과 장소를 막론하고 모든 지역, 모든 시대에 있어 온 관습이라는 것이다. 구약의 '먹고 마시는' 축제 의식 중에서 종교적 의미를 지닌 의식들이 신약의 교회 성만찬 제도에 영향을 미친 것이 분명하다.[8] 여기서 우리는 그 만찬을 준비하고 식사를 준비하는, '먹고 마시는' 일이 가능하도록 섬기는 식탁의 봉사는 의심할 여지없이 여성들의 몫이었을 것이라는 사실을 쉽게 짐작할 수 있다.

축제 의식을 통해 공동체 안에 새로운 관계가 형성될 때, 남성이 의식의 순서를 주관하는 역할을 했다면, 여성은 식탁 봉사와 보이지 않는 섬김으로 축제 의식을 성공으로 이끄는 역할을 한 것이다. 이것이 바로 디아코니아다.

돕는 배필로 지음받은 여성

창세기 2장 18절에는 "여호와 하나님이 이르시되 사람이 혼자 사는 것이 좋지 아니하니 내가 그를 위하여 돕는 배필을 지으리라"

---

8 이경숙 1997:33-34

고 기록되어 있다. 많은 사람들이 이 본문을 인용하면서 여성을 남성보다 열등한 존재로 인식해 왔다.

그러나 우리는 이것을 반대로도 생각해 볼 수 있다. 만약 돕는 자인 여성이 도움을 받는 자인 남성을 위해 필요한 존재라면, 도움을 받는 자인 남성은 돕는 자인 여성에게 반드시 필요한 존재가 아닐 수 있다는 말이 아닐까? 즉 남성은 여성의 도움이 필요하지만, 여성은 남성의 도움이 필요하지 않을 수 있다는 말이 아닐까? 아담이 독처하는 것이 보기에 좋지 않다고 여기신 하나님께서 하와를 돕는 자로 그의 곁에 있게 하셨다. 하와가 있어 아담이 보기 좋은 존재가 되었다. 그러나 하나님께서 아담에게 돕는 배필을 주신 진정한 이유는 존재의 우열을 가리기 위해서가 아니었다.

바바라 맥해피가 말했듯이, '돕는 자'로 번역된 히브리어 '에제르'는 서로 도움으로써 양편 모두에게 유익한 관계를 묘사할 때 쓰는 단어이며, 돕는 자라고 해서 반드시 한쪽이 종속된 관계에 있다는 뜻은 아니다.[9] 이 단어는 다른 곳에서는 신적인 도움을 주는 자(divine assistance)를 표현하는 데 사용되기도 한다(사 30:5, 겔 12:14).[10]

---

9 MacHaffie 1995:12, 손승희 역
10 우택주 2006:27

공동체 의식과 긍휼은 여성들의 '돕는 배필 계획'의 특성이고 은혜 언약의 특징이라고 할 수 있다. 하나님의 교회에서 여성들이 돕는 사람으로서 사역들을 지원하고 강화시켜 줄 때, 그 사역의 중심을 공동체 의식과 긍휼에서 찾을 수 있다. 수잔 헌트와 바바라 톰슨은 창세기 2장 18절과 함께 3장 20절, 디도서 2장 3-5절[11]에 기초하여 여성 목회가 추구해야 할 언약의 핵심 가치들을 다음과 같이 설명하고 있다.[12]

- 성경적인 목적: 여성들에게 삶의 모든 영역에서 하나님의 이름을 드높이고 믿음생활 속에서 하나님 말씀의 권위를 인정하도록 요구한다.
- 성경적인 관점: 여성 목회는 교회를 하나님께서 정해 주신 언약의 가정으로 간주한다.
- 통합적: 교회가 표방하는 교리와 사역을 따르고 지지한다.

---

11 "여호와 하나님이 이르시되 사람이 혼자 사는 것이 좋지 아니하니 내가 그를 위하여 돕는 배필을 지으리라 하시니라"(창 2:18). "아담이 그의 아내의 이름을 하와라 불렀으니 그는 모든 산 자의 어머니가 됨이더라"(창 3:20). "늙은 여자로는 이와 같이 행실이 거룩하며 모함하지 말며 많은 술의 종이 되지 아니하며 선한 것을 가르치는 자들이 되고 그들로 젊은 여자들을 교훈하되 그 남편과 자녀를 사랑하며 신중하며 순전하며 집안 일을 하며 선하며 자기 남편에게 복종하게 하라. 이는 하나님의 말씀이 비방을 받지 않게 하려 함이라"(딛 2:3-5).

12 Hunt, Thompson 2006:299-300, 이소영 역

- 집합적: 여성 목회는 교회의 다른 사역들을 모방하거나 경쟁하기보다 그 사역들을 지원하고 강화한다.
- 영적 어머니 역할: 여성들은 다른 여성들에게 성경이 말하는 온전한 여성에 대해 가르친다.
- 공동체: 여성 목회는 여성들의 상호 관계를 향상시킬 수 있는 기회를 제공한다.
- 소양 쌓기: 여성들이 가정과 교회, 그리고 지역사회의 조력자이자 생명을 살리는 자로서 소양을 갖추도록 한다.
- 긍휼의 마음: 여성들이 실질적으로 긍휼을 많이 베풀 수 있는 기회를 제공한다.
- 환영하는 마음: 외부에 초점을 맞추고, 교회 안팎에 있는 여성들을 감싸 안기 위해 언약의 범주를 확장하려고 노력한다.

앞장에서 이미 우리는 하나님이 약자의 편에서 약자를 보호하고 도우시는 사랑과 긍휼이 많으신 분임을 살펴보았다. 여성을 돕는 자로 만드셨다는 것은 그러한 하나님의 성품을 닮게 만드셨다는 것이다.

게르트 타이쎈이 말한 것처럼, 인간의 도움이 행해지는 곳 어디서나(죄와 고통으로 얼룩진 세상 가운데서) 인간 안에 있는 하나님의 형상은 빛이 나는데, 그 이유는 하나님 안에 있는 그 도움의 의도가

우리 안에 들어와 우리로 하여금 빛을 발하게 하기 때문이다.[13]

그러므로 여성을 여성 되게 하는 '도움'이야말로 디아코니아에서 놓칠 수 없는 여성성의 유리한 점이다.

하나님 안에 나타나는 여성의 이미지

스티브 C. 바톤은 "성경과 전통 모두에서 하나님에 대한 남성적 이미지가 훨씬 우위를 차지했던 것은 하나님의 성(性)보다는 그러한 이미지가 발전되었던 사회의 가부장적 구조와 관련이 있다"라고 말했다.[14]

그러나 대부분의 신학자들은 하나님 안에는 어떤 성적 특징도 없다고 결론을 내리고, 오히려 신적 실재 속에 나타나는 유일한 특징은 삼위일체 하나님의 중심에 놓여 있는 인격적 특징이라고 말한다. 인격적이라고 하면 인칭 대명사의 사용이 요구되는데, 하나님이 남성도 여성도 아니라면 중성인 그것(it)으로 대치시켜야 할 것이다. 하나님을 비인격적인 실재로 변형시키는 것이다.[15]

폴 쥬베트는 "우리는 성경을 해석할 때 하나님에 대한 남성적 언어를 문자적이 아니라 유추적으로 해석한다. 유추의 한 가지 분

---

13 Theißen 2006:114-116, 이범성 역
14 Barton 1989:404, Grenz, Kiesbo 1998:190에서 재인용
15 Grenz, Kiesbo 1998:191, 이은순 역

명한 요소는 그 단어의 성적 의미가 아니라 인격적 의미다", "하나님에 대한 언어가 유추적이기 때문에, 성경과 신학 및 예배에서 하나님에게 사용된 인칭 대명사(이를테면 그는, 그의, 그를, 그 자신)를 총칭적으로 이해해야지 특정하게 이해해서는 안 된다"고 말했다.[16]

구약성경에는 "하나님을 동반하는, 하나님의 구원 사역에 적극적으로 동참하는 긍정적인 여성성이 많이 등장"하는데,[17] 실제로 하나님의 여성적인 이미지가 어떻게 나타나고 있는지 살펴보겠다.

먼저, 가장 두드러진 묘사로 '어머니로서의 하나님'을 들 수 있다. "너희를 낳은 하나님"(신 32:18, 새번역), "너희가 모태에서 나올 때부터 내가 너희를 품고 다[니신]" 분(사 46:3-4, 새번역), 해산하는 여인처럼 부르짖으시는 분(사 42:14), 걸음을 가르치고 팔로 안고 먹을 것을 주는 어머니 역할을 하시는 분(호 11:1, 3-4), 삶의 근원이며 강인함의 상징인 여성으로 어머니 같은 동정심을 가지신 분(렘 31:22)으로 나타나고 있다.[18]

이사야 66장 13절도 "어머니가 자식을 위로함같이 내가 너희를 위로할 것인즉 너희가 예루살렘에서 위로를 받으리니"라고 기록하고 있듯이, 이스라엘에 대한 하나님의 사랑과 관심을 어머니의 사

---

16 Jewett 1975:10, Grenz, Kiesbo 1998:191에서 재인용
17 이경숙 2000:477
18 MacHaffie 1995:10, 손승희 역

랑과 자비에 비유하고 있다.[19]

스탠리 그렌즈와 데니스 키예스보는 구약의 저자들이 하나님의 양육을 말할 때, 특히 어미새를 하나님께서 그분의 백성을 돌보시는 유용한 이미지로 사용하고 있음을 지적한다. 신명기 32장 11절에서 "마치 독수리가 자기의 보금자리를 어지럽게 하며 자기의 새끼 위에 너풀거리며 그의 날개를 펴서 새끼를 받으며 그의 날개 위에 그것을 업는 것같이" 이스라엘을 돌보고 계신다는 비유적인 묘사는 예수님의 예루살렘에 대한 탄식과 절묘하게 쌍을 이룬다(마 23:37).[20]

바바라 맥해피는 잠언과 욥기 28장에서 지혜를 여성적 원리로 설명하는 방식에서 하나님의 여성적 이미지를 찾는다. 지혜는 문법적으로 히브리어와 그리스어 모두에서 여성 명사로 사용된다. 잠언에서는 지혜를 창조 당시 하나님과 함께 있었던 하나님의 또 다른 측면이며(잠 8:22-31), 동시에 즐거움의 근원이자 하나님의 여성적 측면으로서 인간은 이를 통해 하나님을 알 수 있다(잠 4:5-9, 11-13)고 했다.[21]

구약의 핵심 메시지를 "네 이웃을 사랑하라"로 파악한다면, 여

---

19 이경숙 2000:479
20 Grenz, Kiesbo 1998:193-194, 이은순 역
21 Machaffie 1995:10-11, 손승희 역

성들은 하나님의 형상을 가진 자로, 돕는 자로, 어머니의 마음을 가진 자로 이웃을 사랑하는 디아코니아를 실천하는 자들이다. 이웃을 사랑하는 디아코니아를 실천하는 데 유리한 성품을 갖고 있는 것이다.

신약에 나타난 디아코니아의 여성성

여성신학자 장상은 엘리자베스 피오렌자의 말을 빌어, 성경 전승 및 문서들이 가부장적 문화권에서 형성되고 편집되었기 때문에 신약 문서에서 보이는 일반적인 특징들로 예수님을 따르는 사람들 중에는 여성들도 있었지만 당시 남성 중심적인 언어 경향 때문에 그 존재가 잘 드러나지 않고, 여성들은 특별히 중요한 경우를 제외하고는 대체로 남자들과의 관계에서 부수적으로 그 신분이 밝혀진다는 점을 언급했다.[22]

데이비드 해밀턴은 "1세기 이스라엘 남자와 여자의 관계에서 무엇이 정상적으로 여겨졌는지를 생각해 보면, 예수님의 말씀과 행

---

22 장상 2005:56

동은 물의를 일으키고 격분시키며 혁명적인 일이었다"고 평했다.[23] 이제부터 살펴볼 복음서와 바울 서신에 각각 나타난 여성들의 디아코니아가 그 점을 증명할 것이다.

복음서에 나타난 여성 디아코니아

예수님은 교회 내 여성의 역할이나 백성의 한 계층으로 본 여성에 관한 어떤 가르침도 남겨 놓지 않으셨다. 그 이유는 예수님께서 만나는 여성 하나 하나를 한 인간으로 대하셨기 때문이다.[24]

제임스 헐리는 그의 책 『성경이 말하는 남녀의 역할과 위치』에서 다음과 같이 말한다.

> 예수님의 여성에 대한 태도의 기초석은 그들을 인간으로 바라보시는 통찰력으로서, 예수님은 바로 그들에게 다가오셨고 그들을 위해 오셨다. 그분은 첫째로 성, 나이, 배우자의 유무와 관련해 그들을 인식하지 않으셨다. 그분은 하나님과 그들의 관계(혹은 관계의 부족)와 관련해 그들을 생각하셨던 것으로 보인다.[25]

---

23 Hamilton 2003:148, 현문신 역
24 Grenz, Kiesbo 1998:83, 이은순 역
25 Hurley 1981:83, Grenz, Kiesbo 1998:87에서 재인용

예수님께서 여성들을 대하신 태도는 한 인간으로 대하시는 것 이상의 의미가 있다. 무엇보다 예수님은 그분의 부활을 증언하는 첫 증인으로 여성을 선택하셨다. 이 점을 짚고 넘어가는 것이 중요하다. 여성을 진리의 증언자로 신뢰할 수 없다는 당시의 문화적 편견이 예수님의 부활 사건으로 인해 완전히 무너졌기 때문이다.[26] 당시 신명기 법에 의하면 여자는 증인으로 설 수 없었다.[27]

복음서는 예수님의 사역에 능동적으로 참여한 여성들의 역할에 대해 많은 점을 말해 주고 있다(마 27:55-56, 막 15:40-41). 그들이 한 일들을 보면, 예수님의 말씀을 듣고 그분의 필요를 섬긴 제자들이 한 일과 다르지 않다. 여성들은 처음부터 예수님을 따르며 함께 길을 다녔고, 정기적으로 가르침을 받은 무리 가운데 있었을 뿐 아니라, 예수님의 부활을 최초로 목격한 자가 되었다.[28]

이 여성들이 끝까지 신실하게 예수님을 따른 제자들이었다고 말하면 많은 사람들이 질문할 것이다. "그렇다면 왜 예수님은 열두 제자 가운데 여성을 한 명도 두지 않으셨는가?"

이러한 질문에 김세윤 교수는, 예수님께서 당시의 문화적 상황에 양보하신 것이라고 대답했다. 12라는 숫자는 종말에 창조되는

---

26 Machaffie 1995:21, 손승희 역
27 김세윤 2004:28
28 Hurley 1992:138-141, 김진우 역

새 하나님의 백성을 상징하는데, 이는 이스라엘의 열두 족장들에 상응하는 것으로서 새 언약에 의한 하나님의 새 백성의 열두 기둥을 상징한다는 것이다.[29]

여성들은 열두 제자 안에 들어가지는 않았지만 그들과 차이 없이 예수님을 섬기고 하나님 나라를 섬겼다. 루이제 쇼트로프는 마가복음 15장 41절[30]에 나오는 바, 그리스도를 섬기는 여인들의 일이 "음식 대접과 같은 단순한 봉사를 훨씬 넘어서서 예수님이 메시아라는 사실과 하나님 나라가 임박했음을 선포한다"고 규정했다(고후 6:4-5, 11:23에 나오는 어법의 의미에서).[31]

아울러 여성들은 능동적인 역할을 할 뿐 아니라 예수님을 신실하게 따르는 모습을 보여 주었다. 마가복음 15장 40절[32]은 제자 열둘 중 한 명에게 배신당하고, 수제자인 베드로에게 부인당하며, 나머지 제자들에게 버림받고, 강도들 사이에서 십자가의 최후를 맞으시는 예수님을 끝까지 따라와 '멀리서나마' 최후를 지켜본 증인들은 바로 여성들이었다고 기록하고 있다.[33]

---

29 김세윤 2004:36
30 "이들은 예수께서 갈릴리에 계실 때에 따르며 섬기던 자들이요 또 이 외에 예수와 함께 예루살렘에 올라온 여자들도 많이 있었더라"(막 15:41).
31 Schottroff 1980:91-133, 이우정 편 1985:240에서 재인용
32 "멀리서 바라보는 여자들도 있었는데 그중에 막달라 마리아와 또 작은 야고보와 요세의 어머니 마리아와 또 살로메가 있었으니"(막 15:40).
33 장상 2005:107

여성신학자 피오렌자는 마가복음의 저자인 마가가 15장 41절에 나오는 세 개의 동사(따르다, 섬기다, 올라오다)를 여성들의 제자직을 특징화하는 데 사용했다고 본다.

첫째, '따르다' 동사는 제자직에 대한 소명과 결단을 특징적으로 보여 준다. 예수님을 따른다는 것은 십자가를 지는 위험을 받아들이다는 의미인데(막 8:34), 여성들은 최후의 순간까지 그 길을 따라갔다.

둘째, '섬기다' 동사는 예수님을 따르는 이들에게 요구된 참된 지도력을 여성들이 실천했음을 강조한다. 앞서 설명했듯이, 여기서의 섬김을 단순히 식탁 봉사에만 한정할 수 없다. 당시 공동체에서 지도력을 행사하는 사람은 공동체의 사회적 기준상 마지막 자리를 취하고, 오히려 예속됨으로 지도력을 행사해야 했다. 여성들이 마지막 십자가 아래에 가면서까지 섬긴 것은 그러한 지도력을 실천한 것이다.

마지막으로, '올라가다' 동사는 네 명의 주도적 여성들만 가리키는 게 아니라 갈릴리에서부터 예루살렘까지 예수님을 따라 올라온 모든 여성 제자들을 가리킨다. 이 여성들이 사도적 증인으로서 특징화되고 있는 것이다. "갈릴리로부터 예루살렘에 함께 올라간 사람들에게 여러 날 보이셨으니 그들이 이제 백성 앞에서 그의 증

인이라"(행 13:31).[34]

이렇듯 예수님은 당시 사회와 문화 속에서 당연시 되었던 여성에 대한 부정적인 개념을 깨뜨리시고, 하나님 나라의 디아코니아 사역으로 여성들을 초청하여 그들과 함께 하나님 나라를 이루어 가셨다.

바울 서신과 초대교회에 나타난 여성 디아코니아

오순절 성령 강림 이후, 초기의 기독교 공동체는 그들의 삶을 통해 예수님의 죽음과 부활을 증거하는 증인으로 살았다. 이러한 과정에서 교회 내 여성의 역할이 당시 사회적 배경과 마찰을 일으켜 문제가 되었다.

김세윤은 기독교 사회윤리의 가장 기본 원칙으로 갈라디아서 3장 28절을 들었다. "유대 사람도 그리스 사람도 없으며, 종도 자유인도 없으며, 남자와 여자가 없습니다. 여러분 모두가 그리스도 예수 안에서 하나이기 때문입니다"(새번역).[35]

F. F. 브루스는 갈라디아서 주석에서 이 본문을 다음과 같이 주석하고 있다.

---

34 Fiorenza 1986:388, 김애영 역
35 김세윤 2004:44

바울이 유대인과 이방인, 종과 자유자의 신분을 대등하게 말할 때 어떤 제한이 없었듯이, 그리스도 안에서 남자와 여자의 신분을 대등하게 말할 때에도 아무 제한이 없다. 일상의 삶에서 그리스도 안에 속한 것이 교회의 교제 가운데서 공적으로 증명된다면, 그리하여 이방인이 유대인처럼 혹은 종이 일반 시민처럼 아무 거리낌없이 교회의 영적 지도력을 행사할 수 있다면, 왜 여성이 남성처럼 아무 거리낌없이 교회에서 영적 지도력을 행사할 수 없겠는가?[36]

피오렌자 역시 이 본문은 모든 사회적, 문화적, 종교적, 민족적, 생물학적 성 구분과 차별을 극복하고 모든 지배 구조를 거부하는 그리스도의 몸인 교회의 하나 됨을 역설한다고 보았다.[37]

그렇다면 이제 이 여성들의 디아코니아가 바울 서신과 초대교회 안에서 어떻게 나타나고 있는지 살펴보겠다.

바울 서신에 언급된 적극적인 협력자들 중 약 4분의 1이 여성이라는 사실을 아는가? 그 수는 골로새서에 언급된 눔바까지 합치면 모두 11명에 이른다(롬 16:1-16). 유오디아, 율리아, 유니아, 마리아, 눔바, 버시, 뵈뵈, 브리스길라, 순두세, 드루배나, 드루보사가 그

---

36 Bruce 1982:190, Grenz, Kiesbo 1998:127에서 재인용
37 Fiorenza 1985:187, 이우정 편

들이다.[38]

무엇보다 여성이 기독교 공동체의 완전한 구성원으로 참여했다는 사실은 당시 할례받은 남성 출석자들이 회당의 집회를 운영하는 유대교 관습에 비추어 볼 때 의외로 느껴질 수 있지만, 초대 교회의 발전사에서 여성이 수행한 역할은 우리가 알고 있는 것보다 훨씬 더 광범위하다.[39]

사도행전과 바울 서신에 기록되어 있는 초대교회의 모습은 대부분이 가정교회들이다. 초기 기독교 가정교회들의 예배 모임은 성경을 해석하고, 새로운 성가와 찬송가를 부르고, 그 가운데서 예언과 황홀경을 체험하고, 마지막으로 공동체의 모든 구성원이 함께 식사하는 것으로 마무리되었다.[40]

이 공동식사는 '성만찬 식탁'(고전 10:21 참조)으로 볼 수 있다. 이 사역에는 식사 준비, 음식 구입과 분배, 식사하는 동안의 실제 봉사, 이후의 설거지들이 포함된다. 누가는 이러한 성만찬 식탁의 나눔이 "날마다" 일어났다고 기록하고 있다(행 2:46).[41]

피오렌자는 계속해서, 가정교회는 가정이라는 장소로 인해 여

---

38 Heine 1998:141, 정미현 역
39 Machaffie 1995:28, 손승희 역
40 Fiorenza 1985:183, 이우정 편
41 Fiorenza 1986:209, 김애영 역

성들에게 평등한 기회를 제공할 수 있었다고 말한다. 전통적으로 가정은 여성의 고유 영역으로 생각되었고, 여성들이 가정 내 활동에서 제외되지 않았기 때문이다. 말하자면 공동체가 "그녀의 집 안에" 있었다. 그러므로 교회가 모였던 집의 안주인은 공동체에서, 그리고 그 가정교회 모임에서 우선적인 책임을 가졌다고 볼 수 있다.[42]

성경에서 찾을 수 있는 가정교회로는 요한의 어머니 마리아의 집(행 12:12-17), 빌레몬과 압비아의 집(몬 1:2), 브리스길라와 아굴라의 집(롬 16:5, 고전 16:19, 딤후 4:19), 빌롤로고와 율리아와 네레오와 그의 자매와 올름바가 중심이 된 가정교회(롬 16:15), 눔바의 집(골 4:15), 자색 옷감 장사 루디아의 집(행 16:15), 글로에의 집(고전 1:11) 등이 있다.

이들 여성들은 공동체 안에서 다양한 역할을 감당했는데, 빌립의 딸들은 예언자 역할을 했고(행 21:8-9), 브리스길라는 교사 역할을 감당했다(행 18:26).

또한 초대교회 내에서 과부들의 디아코니아가 언급되고 있다. 당시 과부 명단에 오르려면 60세가 넘어야 하며, 단 한 번의 결혼 이력이 있는 자로서 완전히 자선을 베푸는 삶을 살아야 했다(딤전

---

42   Fiorenza 1986:220, 김애영 역

5:9-10). 그들의 주된 임무는 교회와 후원자들을 위해, 특별히 환자들을 위해 손을 얹고 기도하는 것이었다. 이는 하나님께서 과부들과 억압받는 이들의 기도를 들으신다는 믿음에 기인한 것으로 보인다.[43]

글라서는 바울이 여성들과 함께 일했고, 여성들의 도움을 자주 받았다고 말한다. 그는 이 공동체를 다음과 같이 화목과 화해의 공동체라고 말하고 있다. 다양한 배경을 가진 남성들로 이루어진 이동 사도단과 함께, 이들의 사회적 신분과 동참이 있었기에 바울은 비그리스도인들에게 언제나 기독교 운동의 화목하고 화해된 모습을 보여 줄 수 있었다. 그의 순회선교 공동체는 복음을 전할 뿐 아니라 그리스도께서 유대인과 이방인, 종과 자유인, 남자와 여자 사이에 있었던 적대감을 제거하신 화해된 공동체의 모습을 보여 주었으며, 다양성 안에서 통일성을 보여 주는 구체적인 시범 공동체였다(갈 3:28, 엡 2:14-16).[44]

피터 요한 로스캄 아빙은 "공동체는 항상 그리고 본래 도움을 주는 조직이었기 때문에 처음부터 여성의 봉사를 포기할 수 없었다. 이러한 봉사로 나타나는 디아코니아의 가치는 여성의 사회적

---

43 Machaffie 1995:40-41, 손승희 역
44 Glasser 2006:479, 임윤택 역

등장을 방해하는 곳에서도 사명받은 사람들에 대한 존경을 이끌어 냈다"고 말한다.[45]

피오렌자가 여성 디아코니아 사역에 대해 정리한 내용으로 이 단락을 마무리하고자 한다.

> 바울 문헌과 사도행전을 보면, 여성들이 초기 기독교 운동에서 가장 탁월한 선교자와 지도자들 가운데 있었다는 점을 인정하지 않을 수 없다. 그들은 바울과 같이 사도 또는 사역자였으며, 몇몇은 그의 동역자였다. 그들은 복음을 위한 경주에서 교사요 설교자요 함께 달려가는 자들이었다. 그들은 가정교회들을 건립했고, 탁월한 후원자가 되어 다른 선교자들과 그리스도인들에게 영향력을 행사했다. 그들의 지도력을 후대 여집사들의 사역과 비교한다면, 그들의 권위와 사역은 여성과 어린이들에 제한되지 않았으며, 특수한 여성적 역할과 기능에 국한되어 행사되지도 않았음이 분명하다.[46]

---

45 Abbing 2010:32, 지인규 역
46 Fiorenza 1986:229, 김애영 역

디아코니아에 유리한 여성의 은사들

로리 루츠는 "한 여성이 그리스도 안에서 자신이 누구인지를 알게 될 때 비로소 권위와 권능을 가지고 참되게 섬길 수 있을 것"이라고 말했다.[47] 은사를 언급하지 않고서는 디아코니아를 이야기할 수 없을 것이다. 은사를 위해 디아코니아가 존재하는 것이 아니라, 디아코니아를 위해 은사가 존재하기 때문이다. 이 단락에서는 디아코니아에 유리한 여성의 은사들을 살펴보겠다.

로버트 클린턴은 리처드 클린턴과 공저한 책 『당신의 은사를 개발하라』에서 은사를 세 종류, 즉 "타고난 재능", "습득한 기술", "영적 은사"로 분류하여 이야기한다. 타고난 재능은 태어날 때부터 타고난 능력, 기술, 재주, 적성 등을 가리킨다. 습득한 기술은 배워서 얻은 재능, 기술, 재주, 적성 등을 가리킨다. 영적 은사는 성령의 사역을 하기 위해 하나님께서 초자연적으로 주신 독특한 능력을 가리킨다.[48] 이러한 은사들은 각각 기능할 뿐 아니라 서로를 보완하고 강화함으로써 공동체에 유익을 가져다준다.

오스 기니스는 재능에 대해 다음과 같이 말한다.

---

47 Lutz 1998:390, 횃불성경연구소 역
48 Clinton 2005:64, 황의정 역

성경적 이해에 따르면 재능은 결코 우리의 것이 아니며 우리 자신의 유익을 위한 것도 아니다. 우리가 가진 모든 것은 하나도 예외없이 우리에게 주어진 것이다. 우리의 재능은 궁극적으로 하나님의 것이며 우리는 '청지기'일 뿐이다. 즉 우리는 우리의 소유가 아닌 것을 신중하게 관리할 책임을 부여받은 자들이다. 그러므로 우리의 재능은 항상 '타인을 위한 우리의 것'이다. 그것은 그리스도의 공동체 내에서든 좀 더 넓은 사회 속에서든—특히 궁핍한 이웃과의 관계에서—마찬가지다.[49]

클린턴은 로마서 12장, 고린도전서 12장, 에베소서 4장에 나온 은사들을 모두 모아 19개의 은사로 분류하고, 이러한 성령의 은사들을 "말씀의 은사"(가르침, 권면, 예언, 목회, 사도, 전도, 다스림), "능력의 은사"(지혜의 말씀, 지식의 말씀, 믿음, 병 고침, 능력을 행함, 영 분별, 방언, 방언 통역), "사랑의 은사"(행정, 주는 은사, 구제[자비], 돕는 은사)로 나누었다.[50]

클린턴이 분류한 은사들을 전부 다루지는 않겠지만, 그중 특별히 디아코니아에 유리한 여성의 은사들이 있다. 그것은 성령의 은

---

49 Guinness 2000:78, 홍병룡 역
50 Clinton 2005:181, 황의정 역

사와 더불어 타고난 재능이나 습득한 기술에서도 찾아볼 수 있다. 여기서는 내가 선교지에서의 경험을 통해 알게 된, 많은 여성들에게 나타나는 몇 가지 디아코니아에 유리한 은사들을 나누고자 한다.

중보기도의 은사

예수님은 자신이 하는 일이 다른 사람들에게 개인적으로 관심을 갖는 것이 아니라 하나님 나라의 사역임을 보여 주셨다. 이것은 그들을 위한 중보기도와 감사로 나타난다.[51] 리차드 포스터는 중보기도를 '제사장적 사역'이라고 불렀다. "만인 제사장직을 지닌 그리스도인들은 다른 사람들을 대신하여 하나님 앞에 나아갈 수 있는 영예를 갖고 있는데, 이것은 선택이 아니라 그리스도의 멍에를 메고 있는 모든 사람들의 신성한 의무요 귀중한 특권"이기 때문이다.[52]

우리는 다른 사람을 위해서 하는 기도는 무조건 중보기도라고 생각하기 쉽다. 그러나 중보기도란 하늘을 조종하여 우리의 뜻을 이루는 것이 아니라, 오히려 기도의 대상이 되는 한 사람을 위한

---

51 Glasser 2006:331, 임윤택 역
52 Foster 1999:258, 송준인 역

주님의 기도를 깨달아 우리도 그 중보에 참여하는 것이다.[53]

선교지에서 많은 여성 사역자들에게 가장 두드러지게 나타나는 은사가 바로 중보기도의 은사다. 자녀들이 학교에 가고 남편은 사역을 위해 외출하고 나면, 여성 사역자들은 거의 매주 시간을 정하여 함께 중보기도하는 모임을 갖는다. 이러한 중보기도는 여성 선교사들의 울타리를 넘어 현지인들과 함께하는 사역으로 확대된다. 중보기도의 힘으로 선교지는 움직이고 있다.

가르침의 은사

가르침의 은사란 신자들이 성경의 진리를 이해할 수 있도록 교훈하고, 설명하거나 강해하는 능력을 말한다.[54] 물론 성경에서 말하는 가르침의 은사는 영적 은사다(롬 12장, 고전 12장, 엡 4장). 복음 전도가 자유로운 선교지에서 이러한 가르침의 은사를 가진 사람들은 은사를 충분히 활용하여 많은 사람들을 진리로 인도할 수 있겠지만, 이슬람권 같이 닫힌 지역에서는 많은 제한이 따른다.

여성 사역자들, 특히 자녀를 둔 어머니들은 자녀를 어릴 때부터 신앙으로 양육하는 과정에서 기르침의 은사를 사용하며 계속

---

53 Calhoun 2008:338, 양혜원, 노종문 공역
54 Clinton 2005:182, 황의정 역

해서 개발해 간다. 가르침의 은사는 특히 선교지에서 자연스럽게 사용되는데, 대부분의 현지 교회에서 주일학교 교사로 섬기는 비율을 보면 여성 선교사들이 월등히 많다. 질 높은 교육의 기회가 적은 선교사 자녀들의 교육을 위해 헌신해 온 선교사들도 대부분이 여성 선교사들이다. 최근에는 엄청난 한류의 영향으로 여성 선교사들이 선교지에서 현지인에게 한국어를 가르치는 일도 많아졌다. 이 일을 매개로 현지인들과 영적인 스승과 제자의 관계로도 나아갈 수 있게 되었다.

손님 접대의 은사

헨리 나우웬은 그의 책 『영적 발돋움』에서 본래의 깊이와 잠재력을 일깨워 회복해야 할 가치가 있는 개념이 있다면, 바로 손대접(hospitality, 환대)이라고 말했다.[55] 모두가 너무 바빠졌기 때문일까? 한국에서는 손님을 집으로 초대하는 경우를 거의 보지 못하게 되었지만, 선교지에서 선교사의 집은 여전히 열려 있다. 손대접을 종종 "누군가를 편안하게 느끼도록(feel at home) 하는 것"이라고 정의하는데, 우리의 경험을 돌아보아도 손대접은 집과 따로 떼어서 생

---

55 Henri Nouwen, *Reaching Out: The Three Movements of the Spiritual Life* 1975, 크리스틴 폴 2002:17에서 재인용. (『영적 발돋움』, 두란노 역간)

각할 수 없는 관계임을 알 수 있다.[56]

선교지에서 여성 선교사들은 대개 일류 요리사가 된다. 선교지에서 현지인들을 만나는 가장 좋은 접촉점이 함께 식사를 하는 것이기 때문이다. 그들은 대부분 한국 음식에 금방 매료되어 선교사의 집을 방문하는 날을 손꼽아 기다린다. 여성 선교사들은 주위의 동료들에게 새로운 레시피를 얻어 계속 새로운 요리를 시도하고, 현지인들과 함께 음식을 만들며 교제하는 시간을 가지면서로 깊은 신뢰를 쌓아 간다.

김효정은 그의 논문에서 음식에 대해 다음과 같이 말한다.

> 음식의 맛이란 단지 맛있다, 맛없다의 단순한 느낌 표현이 아니다. 여성의 자리를 통해 우러난 음식 맛이란 음식의 기능적 측면만을 주시하지 않는다. '맛을 본다'는 것은 성서에서도 보듯이 맛을 회복함으로 기적의 기회를 깨닫게 되고, 깨달음의 경험은 존재론적 변화의 의미가 된다. 이는 죽을맛에서 살맛으로, 죽임의 음식에서 생명의 음식으로 맛볼 수 있는 기적을, 음식이 만들어지는 자리를 통해 경험하게 된다.[57]

---

56 크리스틴 폴 2002:185
57 김효정 2007:17

예수님께서 말씀하신 영원한 생명의 떡을 먹을 수 있는 기회가 이러한 손님 대접의 은사를 통해, 여성의 손끝에서 만들어진 음식을 통해 생길 수 있다. 이런 일은 꼭 선교지에서만 일어나지는 않는다. 장소를 불문하고 손대접의 은사는 믿지 않는 자들이 복음에 가까이 다가갈 최고의 기회를 마련해 준다.

자비의 은사

이 은사는 어려움 중에 있는, 특히 고난을 당하는 사람들을 애정으로 돌보는 것이다.[58] 우리가 살고 있는 사회 곳곳에서도 고통의 신음소리가 들려오지만, 복음이 현지인들의 삶을 온전히 주장하지 못해서 그런지 선교지에는 이상하게도 슬픈 일, 고난당하는 사람들, 상처받은 사람들이 유독 많다.

　여성 사역자들은 이런 이들에게 자연스레 관심을 갖게 된다. 아마도 그것은 하나님께서 여성에게 주신 어머니의 마음 때문이 아닐까? 엘리자베스 조지는 하나님께서 여성에게 모성애가 넘치는 마음을 주셨다고 말했다. 그 마음은 주는 마음이며, 애정을 송두리째 주는 마음이다.[59]

58　Clinton 2005:214, 황의정 역
59　George 2007:125-135, 안보헌 역

서서평으로 알려진 엘리제 쉐핑(Elizabeth J. Shepping 1880-1934) 선교사는 자비의 은사를 가진 여성이었다. 그녀는 독일에서 태어나 아홉 살에 미국으로 건너가 자랐고 간호사로 근무하던 중, 1912년 3월에 조선 선교사로 우리나라에 와서 여성운동과 간호계, 개신교에 지대한 공헌을 했다.

서서평은 그동안 사람들에게 거의 알려지지 않았지만, 최근에 평전『바보야, 성공이 아니라 섬김이야』(서빙더피플 간)를 통해 그녀의 헌신적인 삶이 세상에 널리 알려졌다. 그녀는 조선 땅에서 병들어 생을 마쳤고, 자신의 주검마저 송두리째 병원에 기증하고 떠났다. 광주 시에서 최초로 시민사회장으로 거행된 그녀의 장례식에선 수많은 나환우와 걸인들이 상여를 메고 뒤따르면서 "어머니!"라고 부르며 애도했다고 한다.[60]

돕는 은사

리차드 포스터는 돕는 섬김에 대해 다음과 같이 본회퍼의 글을 인용했다.

> 그리스도인들의 공동체 안에서 우리가 다른 사람을 위해 수행해야

---

60 조현 2012. 3. 14. 한겨레신문

할 두 번째 섬김은 실제로 도움을 주는 섬김이다. 이 말은 사소한 일을 실제로 도와주는 것을 의미한다. 사람들이 함께 모여서 사는 곳에는 어디에나 이렇게 서로 도와주어야 할 사소한 일이 얼마든지 있다. 가장 비천한 봉사를 하기에 너무 훌륭한 사람은 아무도 없다. 사소한 일에 다른 사람을 도와주는 것이 시간의 손실을 가져온다고 걱정하는 사람은 일반적으로 자신의 출세를 너무 중대하게 생각하는 사람이다.[61]

돕는 은사는 매우 실제적인 방법으로 다른 사람들의 필요를 이기적이지 않게 채워 주는 능력을 가리킨다. 베드로전서 4장은 이 은사가 하나님께 영광과 존귀를 돌리는 특별한 방법이라는 것을 일깨워 준다.[62]

선교지의 여성 선교사들은 현지인들에게 실제적인 도움을 많이 준다. 참 섬김이 어떤 것인지 그들에게 삶으로 모범을 보인다. 먼저 힘들고 궂은 일을 하고, 먼저 움직인다. 키르기스스탄 선교 시절에 우리 가정과 함께 사역했던 단기 여성 선교사의 예를 들고 싶다. 열악한 환경에서 치과병원에 갑자기 물이 나오지 않아 직원

---

61 Bonhoeffer 1952:99, Foster 1998:195에서 재인용
62 Clinton 2005:215, 황의정 역

들이 환자들과 씨름하고 있는 동안, 그녀는 아무 말 없이 조용히 밖으로 나갔다. 카트에 큰 물통을 싣고 한낮의 뙤약볕을 지나 물을 길어오기 위해서였다. 실질적인 도움을 주는데 어찌 현지인들이 사랑하지 않을 수 있겠는가?

더 많은 은사들이 있지만 크게 다섯 가지로만 간략히 살펴보았다. 선교 현장에서 많은 여성들이 이러한 은사를 가지고 디아코니아에 보다 적극적이고 능동적으로 참여하고 있다.

지금까지 여성 디아코니아에 대해, 구약과 신약에 나타나는 여성들의 디아코니아 모습을 살펴보았다.

마가복음 14장 3-9절에는 예수님의 머리에 향유를 부은 여인의 헌신이 기록되어 있다. 예수님은 9절에서 "내가 진실로 너희에게 이르노니 온 천하에 어디서든지 복음이 전파되는 곳에는 이 여자가 행한 일도 말하여 그를 기억하리라"고 말씀하셨다. 복음과 함께 이 여자의 헌신이 전파되어 기념되게 함으로써, 예수님의 구원과 이 여자의 헌신적인 봉사가 영원히 분리되지 않고 있음을 분명히 보여 주고 있는 것이다.[63]

여성들의 디아코니아가 복음과 함께 분리되지 않고 계속해서

---

63 장상 2005:79

전파될 것이라는 예수 그리스도의 신실한 약속이, 오늘도 세계 각국에서 디아코니아 사역을 감당하는 여성 사역자들에게 힘과 위로와 용기를 주고 있다.

● **묵상과 적용**

1. 창세기 2장 18절에서 하나님은 아담을 위해 돕는 배필을 지으셨다고 했습니다. 돕는 배필의 의미를 서로 나누어 보세요.
2. 하나님께서 주신 은사 중에 디아코니아를 잘 실천할 수 있는 나의 은사는 무엇인가요?

5 디아코니아의 삶을 산 성경의 여성들

2천 년의 역사 속에서 디아코니아를 실천한 여성들을 열거하자면 끝이 없을 것이다. 이 장에서는 구약과 신약에서 디아코니아를 실천한 여성들 가운데 일곱 명을 들어, 그들의 삶 속에서 디아코니아가 어떻게 구체적으로 실천되고 있는지 살펴보겠다.

먼저, 구약성경에서는 디아코니아를 실천한 여성으로 룻과 아비가일, 에스더를 선택했다. 신약시대와 비교해 상대적으로 여성의 역할이 드러나지 않은 당시에 세 여성의 적극적인 디아코니아의 실천은 바라는 것들의 실상이요 보이지 않는 것들의 증거인 믿음을 보여 준 좋은 예가 된다(히 11:1 참조).

신약성경에서 디아코니아를 실천한 여성으로는 마르다와 도르가와 브리스길라와 뵈뵈 네 사람을 꼽아 보았다. 각각 하나님께서 주신 은사대로 훌륭하게 디아코니아 사역을 감당한 이들의 삶은 오늘날 많은 여성 사역자들의 모범이 되고 있다.

룻 – 나그네를 섬기다가 나그네로 섬김 받은 여인

각기 자기 소견에 옳은 대로 행하던 암흑의 시대, 곧 사사들이 다스리던 때에 흉년이 들었다. 유다 베들레헴에 살던 엘리멜렉과 그의 부인 나오미는 극심한 기근을 피해 두 아들 말론과 기룐을 데리고 모압으로 가서 살기로 결정한다. 그러나 모압에 정착한 지 얼마 지나지 않아 가장인 엘리멜렉이 죽고, 말론과 기룐은 모압 여인들을 각각 아내로 맞이하는데, 오르바와 룻이 그들이다.

율법에는 가나안 땅의 여인들과 결혼하지 말라는 직접적인 명령은 있지만(신 7:3), 모압 여인들과 결혼하지 말라는 명령은 없다. 그럼에도 모압과 암몬 자손들은 영원히 여호와의 총회에 들어오지 못하도록 율법은 규정하고 있었다(신 23:3).

말론과 기룐이 아내를 '맞이하다'에서 쓰인 히브리어 동사 '나싸'(nasa)는 '들어올리다, 어깨에 짊어지다, 싣다'라는 의미가 있다. 일반적으로 아내를 맞이할 때 사용하는 동사 '라카흐'(laqah)는 '얻다, 취하다'라는 뜻이 있는데, 이삭이 리브가를 아내로 맞이할 때 (창 24:67), 후에 룻과 보아스가 결혼하는 장면(룻 4:13)에서도 이 동사가 사용된다. 한편, 나싸 동사는 대부분 합법적이지 못한 결혼에 사용되었다. 사사 시대에 베냐민 지파가 몰래 여인들을 붙들어 왔던 사건에서도 나싸 동사가 쓰였다(삿 21:23).[1] 그런 점에서 말론과 기룐의 결혼 역시 하나님의 뜻에 합한 결혼이 아니었음을 보여주고 있는지도 모르겠다.

   모압 땅에 거주한 지 10년쯤 지났을 때, 말론과 기룐마저 다 죽고 이제 나오미, 룻, 오르바 이렇게 과부 셋만 덩그러니 남게 되었다. 여호와께서 베들레헴을 불쌍히 여겨 양식을 주셨다는 소식을 들은 나오미는 고향인 그곳으로 돌아가기를 결정하고 두 며느리와 함께 가다가 며느리들을 그들의 고향인 모압으로 돌려보내기로 한다.

   이 장면에서 룻이 크게 부각되면서 우리는 오르바에 대해선 생각지 못하고 지나가는 경우가 많다. 그러나 "너희가 죽은 자들과 나를 선대한 것같이"(룻 1:8)라는 기록에서 보듯이, 룻뿐 아니라 오르바도 그들의 땅인 모압에서 나그네와 약자가 되었던 나오미 가족을 선대했다는 사실을 분명히 하고 있다.

---

1   오지영 2015:51

여기서 사용된 '선대'라는 단어는 앞서 구약의 디아코니아에서 나왔던 '헤세드'다. 현대 학자들은 헤세드를 '약한 자가 곤궁에 처했을 때 강한 자가 그럴 의무가 없음에도 불구하고 자발적으로 보이는 충성'으로 본다. 충성은 본래 약자가 강자에게 보이는 헌신의 표시지만, 성경은 강자가 약자에게, 그리고 하나님께서 약한 인간에게 베푸시는 충성을 헤세드라고 말하고 있다.[2]

계속된 나오미의 권유로 결국 오르바는 모압으로 돌아가지만, 이제 입장이 바뀌어 고향을 떠나 자신이 나그네가 된 룻은 베들레헴까지 시어머니 나오미의 외로운 길을 함께 걷는다. 나그네를 돌보던 그녀가 이제 나그네가 된 것이다.

보리 추수가 시작되었을 때, 낯선 땅 베들레헴에 도착한 룻은 시어머니를 봉양하기 위해 곧바로 밭에 나가 이삭을 줍기 시작한다. 이때 룻에게 은혜를 베풀며 나타난 인물이 보아스다. 이후로 룻과 보아스의 아름다운 사랑 이야기가 전개된다.

룻기 4장 17절에는 둘 사이에 태어난 아들의 이름이 나온다. 바로 '오벳'이다. 오벳은 구약에서 디아코니아라는 단어를 표현했던 '노동하다', '섬기다', '봉사하다'라는 의미를 가진 동사 '아받'의 능동

---

[2] 옥스퍼드 원어성경대전 017, 1999:589

태 분사형으로 '종', '섬기는 자'라는 뜻이다.³

자신의 고향인 모압에서 나그네를 섬겼던(디아코니아) 룻은 끝까지 약자인 시어머니 곁에서 봉양하다가(디아코니아) 결국 베들레헴 낯선 땅에서 나그네로 살며 보아스를 비롯한 사람들로부터 참된 섬김(디아코니아)을 받는다. 그리고 그녀가 낳은 아들은 '섬기는 자'라는 이름의 오벳이다. 나그네를 섬기다가 나그네로 섬김받은 룻은 섬기는 자 오벳을 낳은 것이다. 그 오벳은 이새를 낳고, 이새는 다윗을 낳고, 다윗의 자손에게서 결국 만백성을 섬기기(디아코니아) 위해 이 땅에 오신 예수 그리스도가 탄생하는 놀라운 일이 일어난다.

아비가일 - 분별력 있는 지혜로운 여인

아비가일의 이야기는 사무엘상 25장 2-42절에 나온다. 그녀의 족보는 성경에 기록되어 있지 않지만, 이름에서 알 수 있듯이 그녀는 명랑하고 기쁨을 가져다주는 여인이었을 것으로 추정된다. 본문에서 나오는 그녀의 말과 행동을 통해, 그녀가 일찍부터 신앙 깊은

---

3 옥스퍼드 원어성경대전 017, 1999:766

가정에서 교육받았음을 알 수 있다. 아비가일 당시에는 결혼할 때 여성에게 남편을 선택할 권한이 없었고 남성이 결혼을 주도했다.[4]

사무엘상 25장에 따르면, 아비가일은 마온에 사는 나발이라는 남자와 결혼한다. 나발은 양 3천 마리와 염소 1천 마리를 소유한 부자였다. 사울을 피하여 도망 중이던 다윗이 나발에게 도움을 요청했으나, 나발은 거절하면서 오히려 다윗을 모욕한다. 이에 화가 난 다윗이 나발의 집을 멸하기로 결정하고 나발의 집을 향해 오고 있을 때, 뒤늦게 그 사실을 알게 된 아비가일이 급히 음식과 예물을 준비하여 다윗 앞에 가서 엎드려 남편 대신에 용서를 구한다. 그녀의 지혜로움에 감동한 다윗은 나발의 집안을 진멸하지 않지만, 나발은 결국 하나님의 심판을 받아 죽는다. 나발이 죽고 난 후, 다윗은 지혜로운 여인 아비가일을 아내로 맞아들인다.

어떤 점에서 아비가일을 디아코니아를 실천한 여성으로 볼 수 있는가? 먼저, 아비가일은 어리석은 남편인 나발을 정성껏 섬겼으며 생명의 위협을 당한 그를 구했다. 어쩌면 자신과 어울리지 않는 남편이었지만 그녀는 결혼생활을 지키기 위해 최선을 다했다.[5] 성경의 디아코니아는 자신이 원하거나 쉬운 상대만 골라서 섬기

---

4 정혜숙 2001:91-92
5 정혜숙 2001:92

는 것이 아니다. 예수 그리스도께서 허물 많고 죄 많은 우리 인간을 섬기신 것처럼 부족하고 연약하고 미련하고 악한 사람일지라도 섬기는 것이 진정한 디아코니아다. 아비가일이 남편 나발을 섬긴 것이 바로 그런 디아코니아였다.

아비가일은 적극적으로 행동하는 여인이었다. 18절 이하에 나오는 그녀의 행동을 보면, 마치 여장군처럼 추진력 있고 빠르게 일을 진행시키고 있다. 본문에는 '급히'라는 단어가 네 번이나 나온다(18, 23, 34, 42절). 그만큼 그녀는 일을 신속하게 처리하는 능력이 있었다.

아비가일은 일을 빠르게 처리할 뿐 아니라 적극적이고 능동적으로 해결했다. 그녀는 남편이 죽고 집안이 망하게 된 상황에서 자신이 할 수 있는 최선을 다해 신속하게 일을 처리했다.

디아코니아는 자칫 보이지 않는 섬김과 같은 소극적 의미로만 생각될 수 있지만, 참 섬김에는 적극적인 행동이 따르는 법이다. 예수 그리스도께서 우리를 구원하기 위해 이 땅에 오셔서 조용히 아무 일도 하지 않고 계시다가 십자가에서 죽으신 것이 아니다. 그분은 33년 동안 섬김의 삶을 사셨고, 그 섬심은 십자가에서 우리를 대신하여 죽으심으로 절정을 이룬다. 그분의 적극적인 죽으심의 행위로 우리가 구원을 얻게 되었다.

또한 아비가일은 겸손한 여인이었다. 다윗이 아비가일을 아내로 삼기로 했을 때, 아비가일은 "내 주의 여종은 내 주의 전령들의 발 씻길 종이니이다"(41절)라고 말했다. 이 구절을 히브리어로 직역하면 "당신의 여종은 내 주의 종들의 발을 씻기기 위한 종이니이다"라는 뜻이다.[6]

토마스 머튼은 겸손에 대해 "진정한 겸손은 자기 자신에 대한 의식을 배제한다. … 완전한 겸손은 하나님의 능력을 온전히 신뢰함을 뜻하는데, 그 어떤 힘도 하나님께는 아무 의미가 없고 장애가 되지 않기 때문이다. 겸손은 능력의 가장 확실한 징표다"라고 말했다.[7] 아비가일의 겸손함이 능력으로 드러나 그 집안이 구원을 얻었다.

마지막으로 아비가일은 분별력 있는 지혜로운 여인이었다. 33절에서 다윗은 아비가일의 지혜를 칭찬했다. 여기서 지혜는 히브리어로 '타암'이며, 그 뜻은 '맛', '식별', '판단', '분별'이다.[8] 그녀의 분별력 있는 지혜로 말미암아 다윗은 감정적인 보복을 피할 수 있었고 훗날 이스라엘의 왕이 된다.

하나님께서 섬기라고 명하신 대상은 누구든지 가리지 않고 섬기고, 적극적으로 문제 해결에 나서되 겸손하고 지혜로웠던 여인

---

6 The Grand Bible Commentary 1999:399
7 Merton 2009:210, 오지영 역
8 The Grand Bible Commentary 1999:398

아비가일의 디아코니아적인 삶은 오늘을 사는 우리에게 귀한 교훈을 준다.

에스더 - 기도로 민족을 살린 여인

성경에서 여성의 이름이 책 제목으로 등장하는 것은 룻기와 에스더서 두 권뿐이다.

베냐민 지파 아비하일의 딸 에스더는 일찍 부모를 여의고, 사촌인 모르드개가 딸처럼 키운 용모가 곱고 아리따운 처자였다. 폐위된 바사의 왕후 와스디 대신 그 자리에 앉게 된 에스더는 하만의 악한 계략으로 인해 자신의 유다 민족이 다 죽게 되었을 때, "죽으면 죽으리이다"라고 결의하며 금식하고 왕 앞에 나가 청하여 민족을 구했다. 하나님은 당신의 백성을 구원하기 위해 홍해를 가르는 기적을 일으키고(출 14:21-30) 천사를 보내기도 하시지만(민 20:16), 이처럼 가녀린 한 여인을 들어 쓰기도 하신다.[9]

에스더는 자신의 아름다운 용모에 의지하지 않았다. 왕후라는 지위에도 의지하지 않았다. 자신에게는 아무 능력이 없고 자신이

---

9 Karssen 2011:153, 양은순 역

의지할 분은 오직 여호와 하나님이심을 알았다. 당시 왕의 허락 없이 왕 앞에 나아가는 것은 죽음을 의미했지만, 그녀는 자기 민족을 구하기 위해 사흘 밤낮을 금식한 다음 왕 앞에 나아간다.

금식이란, 기도를 드리며 전심으로 하나님께 주의를 기울이기 위해 정상적인 생활에 꼭 필요한 일들을 스스로 삼가는 것이다. 집착과 욕망을 내려놓을 때 우리의 삶에 기도할 수 있는 공간이 생긴다. 육체적으로 자신을 비움으로써 우리는 유일한 만족이 되시는 예수님을 기억하게 된다.[10]

에스더뿐 아니라 유다 온 민족이 함께 사흘 동안 금식했다. 이 장면은 요나서에 나오는 니느웨 백성들의 모습을 연상시킨다. 왕을 비롯해 모든 백성들은 물론 짐승들에 이르기까지 금식하며 회개했을 때, 하나님은 당신의 뜻을 돌이키셨다(욘 3:10). 에스더와 온 유다 민족이 함께 기도했을 때, 하나님은 그들의 기도를 들으시고 유다 민족을 하만의 궤계에서 구원해 주셨다.

마틴 루터 킹은 폭력에 반대하는 비폭력 투쟁들을 다룰 힘의 필요성을 다음과 같이 생생하게 기록했다.

모든 두려움이 일시에 엄습하는 것 같았다. 나는 집중 포화 지점에

---

10 Calhoun 2008:321, 양혜원 노종문 공역

이르렀다.…이러한 고갈 상태에서 용기가 거의 소진되었을 때, 나는 문제를 하나님께 내어 놓기로 결심했다. 나는 머리를 두 손으로 감싸고 부엌 테이블 위에 엎드려 큰소리로 기도했다.…그 순간 전에 경험해 보지 못한 하나님의 임재를 경험했다.…거의 동시에 두려움이 사라지기 시작했다. 불안함도 사라졌다. 나는 어떤 것이든 마주할 준비가 되었다. 외적인 상황은 그대로였다. 그러나 하나님께서 내게 내적인 안정을 주셨다.[11]

기도는 문제에 대한 응답을 받기 전에 하나님으로부터 오는 참 평안을 누리고 담대히 문제를 직시할 수 있는 용기를 주며, 온전히 하나님을 신뢰하게 할 수 있게 해준다. 기도는 사역자로 부름받은 여성들의 영적 힘과 도움이 됨을 강조하며 로리 루츠는 다음과 같이 말했다.

20세기의 가장 큰 기도운동은 주로 여성들에 의해 생기고 성장했다. 다른 방법으로는 은사를 개발하는 길이 제한되어 있었기 때문에 그들은 무릎을 꿇지 않을 수 없었다. 그 결과 여성들은 하나님

---

11 Rice 1995:215, 황성철 역에서 재인용

나라 운동의 가장 큰 원동력이 되었다.[12]

에스더는 기도로 민족을 구원한 여인이었다. 기도야말로 여성의 가장 강력한 디아코니아이며, 아무도 못한다고 핑계댈 수 없는 언제, 어디서든, 누구나 할 수 있는 디아코니아다.

마르다 - 참 섬김을 발견한 여인

마르다에 대한 기록은 누가복음 10장 38-42절, 요한복음 11장 1-44절, 12장 1-2절에 3회에 걸쳐 나온다. 흔히 마르다는 동생 마리아와 비교되어 분주한 여성으로 인식되어 온 것이 사실이다.

누가복음 10장 본문에 등장하는 마르다는 우리와 같이 섬김에 대한 개념이 불분명했던 것 같다. 그녀가 많은 것을 준비하느라 분주했던 이유는 "섬김이 의미하는 참뜻에 대해 혼동하고 있었기 때문"이라고 케니스 C. 플레밍은 말한다. "마르다의 마음이 분주해졌다는 것은 지금 그녀가 섬기고 있는 대상보다 그 대상을 위해서

---

12 Lutz 1998:413, 횃불성경연구소 역

하는 일 자체에 부담을 갖게 되었다는 것"을 의미한다.[13]

초대 기독교 공동체에서 봉사는 형제를 섬기는 것일 뿐만 아니라 그리스도를 섬기는 것으로서, 공동체에 속한 각 구성원들은 그들이 받은 은혜대로 타인을 위해 헌신적으로 봉사해야 할 책임이 있었다. 마르다는 예수님과 그 일행에게 봉사한다는 마음으로 많은 일을 시작했지만, 결국 그 일로 인해 공동체 정신을 갈고 닦는 데는 실패한 셈이다.[14]

마르다의 이야기가 누가복음에서 끝나지 않고 있다는 것에 주목할 필요가 있다. 요한복음 11장에서 나사로가 죽었을 때, 마르다는 예수님과 이전과는 다른 대화를 나누고 있다. 여기서 그녀는 놀라운 선언을 한다.

예수님께서 "나는 부활이요 생명이니 나를 믿는 자는 죽어도 살겠고 무릇 살아서 나를 믿는 자는 영원히 죽지 아니하리니"(요 11:25-26)라며 자신을 드러내는 말씀을 하시자, 마르다는 이렇게 대답한다. "주여 그러하외다. 주는 그리스도시요 세상에 오시는 하나님의 아들이신 줄 내가 믿나이다"(27절). 이 말은 베드로가 가이사랴 빌립보에서 한 고백, "주는 그리스도시요 살아 계신 하나

---

13 Fleming 1991:29, 채영삼 역
14 김득중 1991:36-42, 박철규 2000:46에서 재인용

님의 아들이시니이다"(마 16:16)의 완전한 의미를 갖는다.[15]

마르다는 성경의 어느 여제자도 하지 못한 예수 그리스도의 신성과 부활에 대한 고백을 한 것이다. 여기서 다시 주목해야 할 장면이 있다. 요한복음 11장 28절에서 마르다는 동생 마리아를 불러온다. 이 위대한 부활의 신앙에 동생 마리아도 참여하길 원했기 때문이다.[16] 누가복음 10장에서 자신의 일을 돕지 않는다며 동생 마리아를 나무라고, 그것도 모자라 예수님에게까지 버럭 화를 내던 마르다의 모습과 얼마나 비교되는 장면인가?

마르다의 이 선언은 그녀의 이전 모습과 달리 그녀가 그동안 많이 배웠음을 보여 주고 있다. 그녀는 예수님과 솔직하게 대화하는 것을 두려워하지 않았다.[17] 그녀는 처음 부엌에서 얻은 교훈을 통해 점점 성장해 오고 있었다.

마르다의 이름은 요한복음 12장 2절에서 마지막으로 언급되고 더 이상 나오지 않는다. 이 본문은 마르다가 제자로 성장했음을 보여 준다. 그러나 구체적으로 어떻게 섬겼는지는 서술되지 않는다. 다만 여기에는 불평도 꾸짖음도 없다. 마르다는 조용히 섬기고 있을 뿐이다. 참된 섬김이 시작된 것이다. 사실 누가복음 10장과

---

15 Fiorenza 1986:397-398, 김애영 역
16 한미라 2002:181
17 Luter, McReynolds 2006:93, 전의우 역

요한복음 12장의 장면을 비교해 보면, 마르다는 두 경우 모두에서 동일한 역할을 하는 것으로 보인다. 좋은 부분, 꼭 필요한 한 가지 일이 선행되도록 자신의 우선순위를 바르게 정한 후, 대개 종들이 하는 역할을 했던 것 같다. 이때 그 일은 주인을 섬기며 그분을 향한 제자도와 사랑을 나타내는 수단으로서 새로운 의미를 갖는다.[18]

앞에서, 적어도 누가복음 10장에서 마르다는 공동체 정신을 갈고 닦는 데는 실패한 듯 보인다. 그러나 지금은 아니다. 마르다의 부엌은 닫히고 제한된 공간이 아니라 주도적으로 믿음을 고백하고 확신하는 장이 되어 있다.[19] 마르다는 "이 좋은 부활의 신앙"을 공유하는 공동체적 경건함을 지닌 성숙한 여성이 된 것이다.[20]

도르가 – 바느질로 제자가 된 여인

히브리어로는 '다비다', 그리스어로 '도르가'라는 여성에 관한 이야기는 사도행전 9장 36-42절에 기록되어 있다. 성경은 도르가를

---

18 Witherington 1984:112, 115-116, Luter, McReynolds 2006:100에서 재인용
19 김효정 2007:32
20 한미라 2002:181

'여제자'라고 부르고 있다.

도르가를 여제자라고 부른 것에 대해 "당시 가부장적인 사회에서 어느 유대 여성이든 누군가의 제자가 된다는 것은 아주 낯선 일이었고 그런 예도 없었기 때문에, 신약에서 여성을 가리켜 직접 제자라고 분명하게 말하는 최초의 경우일 뿐 아니라 '유일한' 경우"라고 보이드 루터와 캐시 맥레이놀즈는 말한다.[21]

도르가는 바느질을 잘했고, 그것이 그녀의 유일한 은사였던 것 같다. 사실 그 정도는 누구나 할 수 있는 일이었는지도 모른다. 그러나 그녀가 성경에 나오는 다른 모든 여인들을 능가하는 점이 있다면, '제자'라고 불린 유일한 여성이라는 것이다.[22]

도르가 이야기가 나오기 바로 전에 룻다에서 베드로가 애니아라는 중풍병자를 고친 사건이 나오고, 뒤에는 고넬료의 회심 사건이 나온다. 여기서 애니아와 고넬료를 성경은 "어떤 남자"(개역개정은 "애니아라 하는 사람", "고넬료라 하는 사람")로 표기하는 반면(행 9:32-35, 행 10:1), 도르가는 "어떤 여제자"(행 9:36, 개역개정에는 "다비다라 하는 여제자")로 표기하는 것에 주목할 필요가 있다. 제자란 큰 헌신이 요구되는 자리인데(눅 14:25-35), 누가가 도르가를 그런 제자

---

21 Luter, McReynolds 2006:118, 전의우 역
22 Karssen 2011:245-246

의 범주에 포함시키고 있다.[23]

도르가의 사역은 오늘날로 말하자면, 설교나 교육 중심의 목회가 아니라 '현장 목회'였을 것이다. 도르가는 삶의 모습으로 설교하고 선행으로 목양하는 목회철학을 실천하는 제자였다. 그것은 일회성으로 끝나지 않고 "선행과 구제하는 일이 심히 많[은]" 삶의 연속이었다.[24]

키르기스스탄에서 선교사로 지내던 어느 날 아침, 나는 이 본문을 묵상하던 중, 도르가의 죽음 앞에서 모든 과부들이 베드로 곁에 서서 울며 도르가가 그들과 함께 있을 때 지은 속옷과 겉옷을 가져와 보여 주는 장면을 읽으며 깊은 인상을 받았다(행 9:39). 그 모습은 선교지에서 내가 앞으로 어떻게 살아가야 할지 일깨워 주는 중요한 전환점이 되었다.

목사의 신분이지만 사역지가 이슬람권이기에 드러내 놓고 한국에서 목사가 하는 일들을 할 수 없었던 당시, 나는 남편이 치과의사로 일하는 병원의 직원들을 자주 집에 초대해 함께 식사를 했다. 정기적으로 부르는 것으로 모자라 집에서 점심 도시락을 만들어 치과에 가서 함께 먹기도 하고, 주말이면 샌드위치를 만들

---

23 Luter, McReynolds 2006:120-121, 전의우 역
24 한미라 2002:201

어 남편을 통해 보냈다. 치과 직원들은 한국 음식을 아주 좋아했다. 그중에서 김밥이 최고의 인기 품목이었다. 까만 종이 같은 것을 펼치고, 그 위에 밥과 여러 재료를 넣어 동그랗게 말아 먹는 것이 그들의 눈에 신기하게 보였나 보다.

살아생전에 도르가가 지은 속옷과 겉옷을 가져와 그녀를 애도하는 과부들을 보면서 내 눈앞에 다른 한 장면이 오버랩 되었다. 언젠가 내가 키르기스스탄을 떠나는 날, 현지인들이 나를 기억하며 "촐폰(나의 현지 이름, '샛별'이라는 뜻이다)이 우리를 위해 얼마나 맛있는 밥을 많이 만들어 주었는지 몰라요. 여기, 촐폰이 우리에게 가르쳐 준 대로 만든 김밥을 보세요 우리도 이제 이렇게 만들 수 있어요"라고 말하는 장면이었다. 그 순간 나는 "하나님, 충분합니다. 밥 하는 것만으로 충분합니다"라는 기도가 터져 나왔다. 현지인들이 나를 그렇게만 기억해 준다면, 그것으로 충분하다는 마음이 들었다. 이후로 그들을 위해 계속 밥을 해주었다.

도르가는 부활을 경험했다. 그녀의 존재와 이름이 유명한 이유는 그녀가 단지 죽었다가 다시 살아났기 때문이 아니다.

알폰스 봐이저는 이 부분에 대해, 그녀의 '구체적인 행동'이 그 점을 설명하고 있다고 말한다. 도르가가 구제사업을 통해 실천한 이웃 사랑이 기독교 전파에 도움이 되었다는 것을 성경에서 찾아볼 수 있는데(행 2:47, 5:13), 이 두 구절에는 비그리스도인들이 의그

리스도인들의 이러한 기본 자세를 높이 평가했다는 언급이 들어 있다.[25]

어느 날 하나님께서 모세를 불러 그에게 물으셨다. "너의 손에 있는 것이 무엇이냐?" 모세는 지팡이라고 대답했다. 그러자 하나님은 그 지팡이를 갖고 가서 일하라고 말씀하셨다. 하나님께서 도르가에게 똑같은 질문을 하셨다면 도르가는 이렇게 대답했을 것이다. "주님, 바늘과 실입니다."[26]

기엔 카젠의 그럴듯한 상상을 해보면 우리에게도 질문하시는 하나님의 음성이 들릴 것이다. 도르가는 자신이 가진 은사와 도구로 다른 사람을 섬긴 참 여제자였다.

브리스길라 - 훌륭한 교사이자 멋진 파트너

브리스길라와 아굴라는 로마에서 쫓겨나 고린도에서 살고 있던 유대인으로 그리스도인이 된 부부다. 이들의 직업은 천막 제조업이었다. 그들은 생업에 종사하며 선교 활동을 했고, 바울과 함께

---

25 Weiser 1992:218, 윤선아 역
26 Karssen 2011:250, 양은순 역

복음 전도 여행을 하며 많은 고난을 당했다고 성경은 기록하고 있다(행 18장, 롬 16:4).

이들 부부에 관하여 성경은 사도행전 18장 2절, 18-19절, 26절, 로마서 16장 3절, 고린도전서 16장 19절, 디모데후서 4장 19절에서 모두 여섯 번 언급하고 있다. 이 가운데 남편인 아굴라를 먼저 기록한 곳은 사도행전 18장 2절과 고린도전서 16장 19절뿐이고, 나머지 구절에서는 아내인 브리스길라의 이름이 먼저 나오고 있다. 다음은 기원후 4세기의 저술로서 교부 존 크리소스톰이 브리스길라의 공헌에 대해 쓴 글이다.

> 바울이 그들을 언급할 때 왜 브리스길라의 이름을 그녀의 남편보다 먼저 언급했는지 질문해 볼 가치가 있다. 그는 "아굴라와 브리스길라에게 문안하라"고 하지 않고 "브리스길라와 아굴라에게"라고 말했다. 이유 없이 그렇게 했다기보다는 그녀의 남편보다 그녀의 경건함을 더욱 인정한 것으로 보인다. 이것은 단순한 짐작이 아니라 실제로 사도행전에서 말하고 있는 바다. 연설을 잘하고 성경을 잘 알지만 요한의 세례밖에 모르던 아볼로를 브리스길라가 데려다가 주님의 도를 자세히 가르쳐 그를 훌륭한 교사로 만들었다(행 18:24-25).[27]

---

27 Hamilton 2004:193-194에서 재인용

브리스길라는 정통 유대인으로서 구약의 가르침을 잘 알고 있었을 것이다. 그러므로 그녀가 아볼로를 가르친 것은 전혀 이상한 일이 아니었다. 미미 핫다드가 이 점에 대해 잘 설명하고 있다.

여자가 초대교회 안에서 가장 유력한 교사를 지도했다는 사실을 누가가 기록했을 때, 그가 제공하는 은밀하고 놀라운 정보에 주목하는 것은 매우 중요하다. 우리는 아볼로가 브리스길라의 가르침을 전적으로 받아들였다는 주요한 사실을 놓쳐서는 안 된다. 더구나 누가나 바울은 브리스길라가 남자를 가르친 일로 인해 그녀를 꾸짖지 않았다. 여자가 가르치는 사역에 관여하는 것을 반대한다는 소위 바울의 금지령이란 것을 브리스길라가 위반했다면, 누가나 바울부터 그녀가 남자를 가르친 것을 비난했어야 옳다.[28]

브리스길라는 통찰력 있는 지식을 소유했지만 교만하지 않았고, 그리스도를 위해 가르침의 은사를 성경적으로 적절히 사용하면서 많은 사람들에게 유익을 끼쳤다. 이 사실을 아볼로와의 교류에서 볼 수 있다.[29] 브리스길라가 주도적으로 아볼로를 집으로 초

---

28 Haddad 1993:8, Hamilton 2004:195에서 재인용
29 Luter, McReynolds 2006:141, 전의우 역

대했으며, 브리스길라와 아굴라가 함께 그를 가르친 것으로 보인다. 바울의 진술(고전 16:19)에서 알 수 있듯이 브리스길라는 자신의 은사를 십분 활용했지만, 남편의 은사와 지도력을 인정하고 있다.[30]

바울 서신에는 이들 부부 외에도 파트너십을 이루어 사역한 부부들의 이름이 나온다. 안드로니고와 유니아, 빌롤로고와 율리아, 빌레몬과 압비아 등이 그들이다(롬 16:7, 15, 몬 1:1-2). 여기서 아내들이 단지 '아내들'로 한정되고 있지 않다는 데 주목해야 한다. 전통적인 아내의 신분과 역할보다 파트너십을 이루어 복음 사업에 헌신한 모습이 더 전면에 드러나고 있다.[31]

브리스길라와 아굴라의 결혼은 오늘날 우리가 보기에도 매력적이고 이상적으로 보인다. 이들 부부는 모든 생활 영역에서 함께 조화를 이루며 각자가 가진 능력을 발휘했다. 기엔 카젠은 그들은 "믿음에서, 사회적이고 영적인 관심에서, 우정에서, 하나님의 말씀이 그들의 생활에 차지하는 위치에서, 개인 공부와 설교에서, 그리고 자기 자신을 남김없이 기쁘게 타인에게 주고자 하는 마음에서 그렇게 할 수 있었다"고 말한다[32]

에버렛 해리슨도 로마서 16장 3-4절을 주석하며 이들 부부가

---

30 Hamilton 2003:142-143, 현문신 역
31 Fiorenza 1986:217, 김애영 역
32 Karssen 2011:267, 양은순 역

"그리스도인의 결혼생활에 관한 훌륭한 이미지를 제시하고 있다"고 덧붙였다.33

창세기 1장 31절은 하나님께서 남자와 여자를 만드시고 "심히 좋았더라"고 기록하고 있다. 남성과 여성이 합력하여 일하는 것은 하나님의 창조가 완성됨을 의미하며, 남성과 여성이 함께 일할 때 모든 문제 해결을 보다 빨리, 보다 효과적으로 할 수 있게 된다.34

성경에는 바울처럼 독신이거나 결혼하지 않은 여성 혹은 과부들의 충성스러운 섬김에 대한 기록이 많다. 하지만 오늘날 대부분의 선교지에서는 독신 선교사들보다 부부 선교사의 비율이 훨씬 높다. 그렇다면 많은 여성 선교사들은 훌륭한 파트너십을 보여 준 브리스길라에게 사역 현장과 가정에서 갖추어야 할 지혜로운 역할을 배울 수 있을 것이다.

뵈뵈 – 디아코노스, 프로스타티스라고 불린 여인

뵈뵈에 대한 기록은 로마서 16장 1-2절이 전부다. 그녀는 고린도

---

33 Luter, McReynolds 2006:144, 전의우 역
34 Lutz 1998:412, 횃불성경연구소 역

겐그레아 교회의 성도였다. 겐그레아는 바울이 머리를 깎은 곳이기도 하다(행 18:18). 바울은 로마에 있는 교회에 편지를 전달하는 자로 뵈뵈를 보내며 로마 교회에 그녀를 소개하고 있다.

바울은 뵈뵈를 '디아코노스'라고 불렀다(개역개정에는 '일꾼' 또는 '집사'). 여기서 우리는 바울이 남자 동역자에게 사용하던 단어를 뵈뵈에게 동일하게 쓰고 있음에 주목해야 한다(고후 3:6, 9, 고후 6:1). 킹제임스 번역본은 로마서 16장 1절의 디아코노스를 '여집사'로 번역하고 있는데, 주후 300년이 지나는 동안 신약성경이나 어떤 교회 문학에서도 집사의 여성형 단어를 찾아볼 수 없다. 즉 복음 사역자를 위한 용어에 남녀 구별이 없었던 것을 알 수 있으며, 남자와 여자 모두 '집사들'로 불렸다는 뜻이다. 당시의 집사는 오늘날의 목사와 구별되지 않았다.[35]

이 집사들은 주님의 성만찬시 식탁 봉사자들로 일하며, 교회의 가난한 자들과 나그네들을 위해 상주 근무를 했으며, 여성과 남성이 함께 말씀 선포자로 일했을 가능성이 있다.[36] 가능성이라고 한 이유는 당시에 아직 여성 집사의 직무는 물론이고 남성 집사의 직무도 확립되어 있지 않았기 때문이다. 그러므로 로마서 16장

---

35 Hamilton 2003:201, 현문신 역
36 김옥순 2010:33

1-2절은 디아코니아에 대한 모든 신앙인의 참여를 보여 준다고 할 수 있다.[37]

바울은 또한 뵈뵈를 '프로스타티스'라고 불렀다(개역개정은 '보호자'). 우리는 이 프로스타티스라는 칭호로 뵈뵈가 가졌던 지위의 중요성을 짐작해 볼 수 있다. 데살로니가전서 5장 12절에 쓰인 이 단어의 동사형은 공동체에서 권위를 가진 사람들을 특징화하고 있고, 디모데전서 3장 4절과 5장 17절에서는 감독, 집사, 장로의 기능들을 지칭하고 있다.[38]

바울이 뵈뵈를 가리켜 그녀가 여러 사람과 자신의 보호자가 되었다고 하는 것은 선교 여행에 필요한 모든 재정과 행정적 권리를 그녀가 주도적으로 처리했음을 증언한다. 뵈뵈가 단순히 바울을 돕는 수종자가 아니라, 선교에 깊이 관여하여 능동적으로 사역한 중심 인물이었음을 추측할 수 있다.[39] 해밀턴은 이 단어를 원어에 가장 가깝게 번역하면 "섬기는 지도자"라고 했다. 자신의 이익을 추구하지 않고 다른 사람들의 이익을 구하는 지도자를 묘사하는 단어이기 때문이다.[40]

---

37 Schottroff 1990:239, 김옥순 2010:316에서 재인용
38 Fiorenza 1986:226, 김애영 역
39 한미라 2002:218
40 Hamilton 2003:202, 현문신 역

시앙 양 탄은 리차드 포스터의 『영적훈련과 성장』에 나오는 참 섬김과 자기 의를 구하는 섬김의 특성을 각각 아홉 가지로 나누어 정리했다.[41]

표 2. 참 섬김과 자기 의를 구하는 섬김

참 섬김	자기 의
예수님과의 깊은 교제에서 비롯된다.	주로 인간의 노력에 의해 이루어진다.
작은 사역과 큰 사역을 구별하지 않는다.	크고 거창한 사역에 관심을 가진다.
거룩함을 지향한다.	외적 보상을 추구한다.
결과에 연연하지 않는다.	결과나 통계에 지대한 관심이 있다.
사역에 차별을 두지 않는다	섬길 자를 가린다.
하고 싶은 마음이 있든 없든 필요하다고 생각되면 묵묵히 충실하게 일한다.	기분에 좌우된다.
늘 섬기는 태도로 살아간다.	일시적이다.
섬김에 응할 때와 거절할 때를 구별한다.	분별력이 없다.
공동체를 형성한다.	공동체를 파괴한다. 궁극적으로 개인의 영광을 구하는 데 치우친다.

복음을 위해 기꺼이 자신의 삶을 드린 섬긴 일꾼이요, 섬기는 지도자인 뵈뵈는 많은 여성 사역자들에게 겸손함과 지도력을 함

---

41 2007:85, 조계광 역

께 소유한 롤 모델이 되고 있다.

구약과 신약에서 디아코니아를 실천한 여성들 룻, 아비가일, 에스더, 마르다, 도르가, 브리스길라, 뵈뵈의 삶을 돌아보면, 하나님께서 사용하시는 사람은 모든 자격을 갖춘 완벽한 사람이 아니라, 일상에서 흔히 볼 수 있는 평범한 사람들임을 발견하게 된다. 이방인 며느리요, 미련한 남편의 아내요, 부모 잃은 고아요, 부산을 떨며 정신없이 음식을 만드는 아주머니요, 바느질 하나로 과부들을 기쁘게 한 여인이요, 자기 집을 공개해 사람들을 초대하기 좋아하는 주부요, 궂은일을 도맡으며 다른 사람을 위해 기꺼이 헌신하는 여성들이다.

예수 그리스도의 섬김을 받은 사람은 누구나 디아코니아를 실천할 수 있다. 디아코니아는 특별한 어떤 일을 하는 것이 아니라 우리 삶 가운데서 날마다 실천할 수 있는 작은 섬김이다.

● 묵상과 적용

1. 룻의 이야기를 통해 나그네의 삶을 보았습니다. 우리나라에 노동자로, 결혼 이민자로, 유학생으로, 여러 모양으로 우리와 함께 살고 있는 나그네들과 어떻게 조화를 이루며 살 수 있을까요?

2. 도르가에게는 바늘과 실이 사역의 도구였습니다. 여러분의 사역 도구는 무엇인가요?

2부

오늘. 여기.

디아코니아로

살아가는 여성들

*
성경의 인물이 너무 먼 옛날 이야기처럼 들리는가?
그렇다면 오늘 여기서 디아코니아로 살아가는
여성 아홉 명의 이야기를 나누고 싶다.
그들은 우리 주위에 있는 평범한 이들이다.
한 사람 한 사람의 이야기에 귀를 기울여 보자.
이들이 어떻게 디아코니아로 살아가고 있는지.

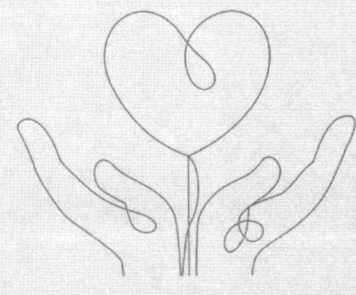

1 마음과 마음이 이어지는 자리
MK 호스텔지기 멜로디 선생님 가정

"여기가 너희 부모님 회사야."

멜로디 선생님의 남편은 호스텔에 들어오는 MK(Missionary Kids, 선교사 자녀)들을 그들의 부모가 속한 선교단체의 본부 사무실로 데려가 이렇게 말한다. MK들은 처음 와 보는 사무실에 들어가 본부 스태프들에게 직접 자기소개를 하고 한국에 온 이유를 설명하는 자리를 갖는다. 12시 정오기도회에도 참석하여 이곳에서 매일 자신의 가족뿐 아니라 전 세계에 흩어진 파트너(선교사)들을 위해 기도하고 있다는 사실을 실감한다. 자신이 이 공동체의 일원이라는 것이 자랑스럽고 뿌듯해지는 순간이다. 사무실을 떠날 때는 사랑의 용돈까지 받으니 세상 그 누가 부럽지 않다.

멜로디 선생님의 가정이 MK 호스텔을 운영한 지 벌써 햇수로 3년째다. 그동안 열네 명의 MK들이 이곳에 머물다 갔다. 호스텔이라지만 여느 숙박업소와 달리 멜로디 선생님이 사는 아파트의 방 세 개 중 두 개에 이층 침대를 두어 최대 네 명까지 MK를 받을 수 있게 했다.

어쩌다 한 번씩 귀국하는 선교사들의 숙소는 이곳저곳에 열려 있다. 하지만 선교사 자녀들만을 위한 숙소는 신청할 곳조차 없는 형편이다. 군대에 가거나 대학 입시나 취업 준비를 하기 위해 귀국한 MK가 머물 숙소가 마땅치 않다. 대부분이 친척 집에 머물지만, 잠시면 몰라도 사흘만 지나면 서로가 불편해지기 쉽다.

"뭐하다가 늦게 들어오니?" "왜 이리 늦잠을 자니?" 등 '넘치는 사랑의' 간섭으로 MK들이 마음 편히 쉬지 못한다.

몽골 선교사로 사역하면서 네 자녀를 키워 냈기에 MK들의 마음을 누구보다 잘 헤아리는 멜로디 선생님 부부다. 평소 늘 MK들에게 실질적으로 어떤 도움을 줄 수 있을까 고민하다가 그들만을 위한 쉼터가 필요하다는 생각에 이르렀다. 마침 자녀들도 군대와 직장 등의 이유로 집을 떠나고, 아이들로 북적이던 집에 부부만 덩그러니 남은 것도 MK들에게 머물 장소를 제공하기 시작한 또 다른 이유다.

멜로디 선생님 부부는 MK가 호스텔에 오면 바로 오리엔테이션을 한다.

"이곳은 가족과 가족이 만나는 공간이야. 네가 지금까지 지내온 가족과는 다른 가족의 모습을 보게 될 수도 있어. 하지만 우리가 서로 이해하고 존중하면 같이 잘 지낼 수 있을 거야."

MK가 호스텔에 머무는 기간은 한 달 남짓이고 최대한 두 달 정도를 연장할 수 있다. 짧은 시간인 것 같지만 아이들을 이해하고 삶을 나누기에 충분하다. 아이들은 멜로디 선생님 부부와 함께 지내면서 많은 이야기를 나눈다. 주로 시시콜콜한 일상의 이야기들이다. 이성 친구 이야기도 하고, 때로 선교사 부모에게는 말하지 못한 속마음을 털어놓기도 한다. 속상한 일을 이야기하다가 함께 기도하고 마음이 회복되는 일이 일어나기도 한다.

한번은 카자흐스탄에서 온 청년 MK가 쑥스러워하며 말했다.

"괜찮다면 제가 한번 요리를 해서 대접하고 싶어요."

"정말? 그럼 한번 기대해 볼까?"

아이는 마트에서 돼지고기를 사와 멋지게 김치찌개 한 냄비를 끓여 냈다. 아이가 끓여 준 김치찌개는 그냥 찌개가 아니라, 멜로디 선생님의 가족을 사랑하는 마음이 듬뿍 담긴 사랑의 찌개였다.

한번은 대학입시 때문에 고민하고 있다는 베트남 MK의 소식을 들었다. 멜로디 선생님은 그 아이를 어떻게 하면 도울 수 있을까 며

아이들은 이성 친구 이야기도 하고, 때로
선교사 부모에게는 말 못하는 속마음을 털어놓는다.
속상한 일을 이야기하다가 함께 기도하고
마음이 회복되는 일이 일어나기도 한다.

칠을 고민했다. 그때 마침 대학생인 선생님의 두 자녀가 집에 와 있었고, 베트남에서 온 다른 청년 MK도 머물고 있었다. 선생님은 그 아이들에게 이 문제를 맡겨 보면 좋겠다는 생각이 들었다.

"너희가 머리를 맞대고 이 문제를 한번 풀어 볼래? 형이나 누나로서 말이야."

그러고는 멜로디 선생님은 다른 볼일을 보러 나갔다. 그 사이에 한국에 있는 세 명의 MK들이 한자리에 앉아 노트북을 켜고, 화상 전화로 베트남에서 입시로 고민한다는 MK와 원격 입시 상담을 하기 시작했다.

마침 이들 세 명은 대학 입학 과정이 각기 달라 베트남 MK가 고민하는 문제들에 맞춤 상담을 해줄 수 있었다. 한 명은 미국에서 대학을 다녔고, 한 명은 한국에서 대학에 다니고, 또 한 명은 검정고시 경험자이니 베트남 MK가 고민하는 경우의 수가 모두 있었다. 덕분에 그 아이는 형, 누나들과 충분한 얘기를 나누고 고민을 해결할 수 있었다.

"우리는 선교사이지 선교사의 자녀인 적이 없잖아요. 아이들을 사랑하는 것과는 별개로 그들을 완전히 이해한다고 할 순 없어요. 그런데 비슷한 처지에서 비슷한 고민을 해본 MK가 다른 MK를 멘토링하니 놀라운 일들이 일어나더라고요."

이후로 멜로디 선생님은 MK들이 서로 만날 수 있는 장을 열어 주기 시작했다. 호스텔에 MK가 들어오면 이전에 만난 적 없는 다른 MK를 소개하고 연결시켜 준다.

멜로디 선생님의 큰딸은 외국인 회사에 다니면서 신촌에서 막내동생과 함께 살고 있는데, 호스텔에 MK가 새로 들어왔다는 소식을 들으면 그 아이를 자신의 원룸에 초대한다. 이후로도 종종 밥을 사 주고 교제하며 이런저런 이야기를 나눈다. 고국이지만 아직 어린 나이에 가족과 떨어져 낯선 환경에 적응해야 할 때, 누군가 관심을 갖고 얘기를 들어 준다면 얼마나 마음이 놓이고 푸근해지겠는가.

다른 사람이 내 집에 오는 것을 반기고 좋아하기란 쉬운 일이 아니다. 특히 더운 여름엔 집 안에서도 옷차림에 신경을 써야 하고, 부부가 다툴 일이 있어도 꾹 참아야 한다.

"덕분에 의도치 않게 인격이 성숙해지는 은혜를 누리지 뭐예요. 아이들과 함께하니 좋은 일이 더 많아요."

이들 부부가 살아온 배경이 그랬다. 몽골에서 그리고 미국에서 지낼 때에도 선생님의 가정에는 늘 청소년들이 있었고, 그들과 어울려 생활하는 것이 일상이었다.

멜로디 선생님이 한 교회에서 MK 호스텔 사역을 소개할 기회가 있었다. 이야기를 마치자 그 교회의 권사님이 멜로디 선생님에게 다가와 이렇게 제안했다.

"우리집에 여유 방이 있는데, 저도 이 일에 동참할 수 있을까요?"

멜로디 선생님은 깜짝 놀랐다. 그렇지 않아도 남자 MK와 여자 MK가 동시에 오면 호스텔 규정상 함께 숙박하지 못해 어려움을 겪고 있던 터였다. 생각지 못한 곳에서 이렇게 기도의 응답을 받게 될 줄이야.

"물론이죠. 누구든지 할 수 있어요. 우리 함께해요!"

어느 날 멜로디 선생님의 큰딸이 이렇게 말하더란다.

"엄마, 나는 나중에 3층 건물을 사서 1층은 힐링 카페를 하고, 2층과 3층은 MK 호스텔을 하고 싶어요. 그게 내 꿈이에요."

누가 가르쳐 준 것일까? 아니다. 딸은 어릴 적부터 엄마와 아빠의 삶을 고스란히 보아 온 것이다. 그리고 그런 삶이 좋아 보였던 것이다.

MK 호스텔 사역의 끝은 어디일까? 그 일은 시작은 있어도 끝은 없을 것 같다. 멜로디 선생님의 가정이 마련한 공간에 많은 MK들이 와서 쉬고 마음과 마음이 이어지는 경험을 했다. 앞으로도 많은 MK들이 오고가며 참된 쉼을 누리며 회복되는 일이 계속 일어날 것이다.

2

OAK에 차린 풍성한 식탁

식탁 공동체 섬김이 던 선생님

옥스퍼드는 영국의 유서 깊은 명문 대학교다. 1096년에 개교해 거의 천 년에 가까운 역사를 자랑하며 전 세계 수재들이 모이는 곳이다. 마가렛 대처, 토니 블레어 등 영국의 역대 수상들과 아웅산 수치, 빌 클린턴 같이 이름만 대면 알 만한 사람들이 여기서 공부를 했다. 관광지로도 유명한 대학도시여서 볼거리도 많지만, 1997년부터 지금까지 23년 동안 그곳을 거쳐 간 어떤 아시아인들에게는 잊을 수 없는 따듯한 기억이 따로 있다. 오크(OAK)!

알다시피 오크는 참나무다. 성경에는 상수리나무라고도 되어 있다. 여기서 OAK는 옥스퍼드 아시안 코이노니아(Oxford Asian Koinonia)의 약자로, 옥스퍼드에 있는 아시아인들이 서로 교제하며 사랑을 나누는 공동체를 말한다. 이번 장은 OAK의 섬김이 던 선생님의 이야기다.

"여보, 나 아무래도 선교사의 부르심을 따라야 할 것 같아."

한국에서 잘나가던 은행원 남편이 갑자기 선교사가 되겠다고 선언했다. 늘 적극적이고 추진력 넘치는 남편을 따라다니기란 쉽지 않은 일이었다. 그러나 순종하는 마음으로 남편을 따라간 던 선생님은 선교사의 길을 걷게 되었다. 두 사람이 선교 훈련을 받으면서는 막연하게 캄보디아나 아프리카 쪽으로 가게 되지 않을까 생각했다. 그러나 하나님은 선교지로 흔히 생각하는 오지가 아니라 대학도시 옥스퍼드로 두 사람을 부르셨다.

던 선생님 부부는 영국의 올네이션스(All Nations Christian College)에서 2년 간 훈련을 받는 중, 그룹 모임마다 영어를 모국어로 사용하는 친구들과 동양인 친구들이 함께 있는 시간을 서로 불편해한다는 사실을 알게 되었다. 어느 날 우연히 동양인들만 모이면서 그들의 어눌한 영어가 서로에게 편하다는 사실을 발견했다.

'아, 하나님께서 우리를 옥스퍼드에 있는 아시아인들을 섬기라고 부르셨구나.'

던 선생님 부부는 순종하는 마음으로 주님의 부르심을 받아들였다.

"가나안 정탐꾼 중 열 명이 이렇게 고백했잖아요. 가나안에 있는 아낙 자손의 거인들에 비하면 자기들은 메뚜기라고요. 그런데 옥스퍼드에 와 있는 전 세계 석박사들을 보니 저는 메뚜기에도 못 미칠 만큼 작은 존재였어요. 영어도 못하고, 너무 무서워서 위축되어 있어요. 그때 주님이 말씀하셨어요. '내가 너를 영어 하라고 이곳에 부른 것이 아니다. 내 말(Word)을 전하라고 불렀다.' 확신의 메시지였죠."

부르심에 순종했지만 옥스퍼드에서의 삶은 만만치 않았다. 무슨 일을 할지, 누구를 만날지, 어떻게 다가가야 할지 아무런 아이디어가 없었다. 그러나 부르신 분이 하나님이시니 분명히 일하실 하나님을 기대할 수밖에 없었다.

그러던 중 미국, 중국, 말라위에서 온 세 명의 유학생 부인들을 만난 것이 모임의 시작이 되었다. 던 선생님의 집에 모여서 함께 식사를 하며 이런저런 이야기를 나누었다. 이 좋은 모임을 남편들도 같이 하면 좋겠다는 의견이 나오면서, 그해 크리스마스에 처음으로 다같이 모였다. 스무 명이 넘는 사람들이 왔다.

이 만남은 정기 모임으로 자리를 잡고 오늘의 OAK가 되었다.

자기가 살던 나라를 떠나 타국에 오면 예외없이 누구나 외롭기 마련이다. 그럴 때 누군가가 내 이야기를 들어 주고, 맛있는 밥상을 차려 내어 주는 것만으로 얼마나 큰 위로와 힘이 되는지 모른다. OAK에서 사람들은 바로 그런 위로와 힘을 얻는다.

중국인, 인도인, 네팔인, 일본인 등 다양한 국적을 가진 친구들이 모이는데, 이들이 공통으로 사모하는 것이 있다. 바로 던 선생님의 맛있는 음식이다.

"정성 들여 준비하기는 해요. 그래도 입에 안 맞는 음식이 가끔 있을 텐데, 연신 땡큐 땡큐 하면서 음식을 나누고 교제하는 모습을 보면 얼마나 힘이 나는지 몰라요. 더 맛있는 레시피를 개발하고 싶어져요."

한번은 싱가포르인과 결혼한 영국인 부인이 출산했다는 소식을 듣고 모유 수유에 도움이 되는 미역국을 끓여다 주었다. 미역국이 산모에게 영양만점의 음식인 건 분명하지만, 영국인이라 처음 먹어 볼 텐데 혹시 거부감이 있지 않을까 살짝 걱정했다. 그러나 산모는 오히려 모유 수유에 큰 효과를 보았다며 나중에 요리법을 배워 갔다.

던 선생님은 매주 모임의 메뉴를 궁금해하는 친구들을 위해 '음식 일지'를 쓰기 시작했다. 지난주에 먹은 음식이 이번주에 또 나오지 않도록 세심하게 준비했다. 음식 위생사 자격 훈련을 따로 받을 정도로 던 선생님은 신경을 썼다. 지금까지 수천 명이 그녀의 음식을 먹었지만 단 한 명도 음식으로 인해 탈이 난 적이 없다.

"정말이지 하나님의 은혜가 아닐 수 없어요."

그녀는 고백한다.

OAK 모임에 20명이 올 때도, 50명이 올 때도, 어떤 때는 130명이 올 때도 있었지만, 부족함 없이 절묘하게 채워 주시는 하나님을 경험하며 던 선생님은 더욱 하나님을 신뢰하는 법을 배워 갔다.

그러나 늘 기쁘고 감사하고 좋기만 한 것은 아니었다.

많은 분량의 음식을 준비하려면 값싸고 품질 좋은 식재료를 사기 위해 시장을 찾아다녀야 하는데, 이동이 자유롭지 않은 던 선생님의 형편에서 불편한 일이 한두 가지가 아니었다.

몸을 돌보지 않고 무리한 탓에 갑자기 어깨 근육이 파열되고 체력이 약해지면서 영적으로 침체기가 왔다. 더욱이 월세를 감당하기 힘들어 이사를 자주 하다보니 고생이 이만저만이 아니었다. 던 선생님은 점차 지쳐 가는 자신을 발견했다. 설상가상으로 그즈음 주된 후원 교회에서 들어오던 후원이 끊어지면서 상황은 더욱 심각해졌다.

처음에는 하나님을 원망하고, 선교사의 길로 자신을 이끈 남편을 탓했다. 하지만 원망은 소망으로, 남탓은 하나님께 부르짖음으로 옮겨 갔다. 그녀는 울며 하나님께 탄원의 기도를 드렸다.

던 선생님의 신음소리에 응답하신 하나님은 그녀에게 기쁜 소식들을 쏟아부어 주셨다. 던 선생님이 만든 육신의 양식을 먹고

던 선생님의 음식을 먹고 자기 나라로 돌아간 친구들이
영의 양식을 찾기 시작했다는 소식이 곳곳에서 들려왔다.
OAK 같은 모임을 만들어 믿음의 교제를 시작했다는 것이다.

자기 나라로 돌아간 친구들이 영의 양식을 찾기 시작했다는 소식이 곳곳에서 들려왔다. OAK 같은 모임을 만들어 믿음의 교제를 시작했다는 것이다. 그뿐 아니라 예수님을 믿지 않은 가족들이 모두 예수님을 영접하게 되었다는 소식, 가까운 지역에 사는 친구들끼리 네트워크를 만들어 계속 삶을 나누며 말씀 안에서 성장해 가고 있다는 소식들이었다.

그 소식들을 듣고 던 선생님은 다시 살아나기 시작했다. 다시 새 힘을 얻었고 23년째 사역을 이어오고 있다.

인터뷰를 마칠 즈음에 던 선생님은 신기해하며 이런 말을 덧붙였다.

"OAK에서 만난 우리는 처음엔 그저 친구인 줄 알았어요. 그런데 어느새 서로에게 가족이 되어 있더라고요."

던 선생님을 만나고 돌아오는 길에 나도 모르게 레이 볼츠의 찬양곡 〈땡큐〉(Thank You)가 입가에 맴돌았다.

난 천국에 간 꿈을 꿨어요. 낭신도 나와 함께 있었죠.
우리는 수정호수 겹을 따라 난 황금길을 걸었어요.
우리는 천사의 노랫소리를 듣고 있었어요.
그때 누군가 당신의 이름을 불렀죠.

당신은 뒤돌아서 그 청년을 봤어요.

그는 미소를 지은 채 걸어오며 말했어요.

"친구여, 지금 당장은 내가 누군지 모르겠지만 기다려 봐요."

그러면서 말을 이었어요.

"당신은 주일학교에서 가르치곤 했지요. 내가 겨우 여덟 살 때요.

매주일 당신은 성경공부가 시작되기 전에 기도했어요.

어느 날 당신이 그렇게 기도했을 때

나는 마음을 다해 예수님께 고백했어요."

감사합니다. 주님을 전해 주셔서.

나는 변화되었고 새 생명을 얻었어요.

고마워요. 주님을 제게 주셔서.

난 그 일이 너무 기뻐요.

또 한 남자가 당신 앞에 섰어요. 그리고 말했죠.

"그때를 기억하세요? 한 선교사가 당신 교회에 왔을 때요.

그가 보여 준 사진들을 보고 당신은 울었죠.

당신은 돈이 넉넉하지 않았지만 그것을 드렸답니다.

예수님께서 당신의 그 예물을 받으셨고,

그게 오늘 내가 여기 있는 이유랍니다."

한 사람씩 한 사람씩 다가왔어요.

그들을 눈으로 다 헤아릴 순 없었답니다.

당신의 그 온유함이 그들 각자의 삶에

어떻게 영향을 끼쳤는지 말했답니다.

당신이 했던 작은 일들, 그리고 당신의 희생들,

이 땅에서 눈에 띄지 않았지만 이제 천국에서 울려 퍼지네요.

나는 알았어요. 천국에서 당신은 울지 않아도 되는 것을요.

그러나 당신의 눈에 눈물이 고여 있다는 것을 알아요.

예수님이 당신의 손을 잡네요.

그리고 당신을 주님 앞에 서게 했어요. 그분은 말했어요.

"내 아들아, 주변을 보아라. 이 모두가 너의 상급이란다."

감사합니다. 주님을 전해 주셔서.

나는 변화되었고 새 생명을 얻었어요.

고마워요. 주님을 제게 주셔서.

난 그 일이 너무 기뻐요.

3 수다가 넘치는 축복의 장소
무슬림 여성들의 친구 샤인 선생님

키르기스스탄에서 비행기를 탔을 때의 일이다. 평소 비행기 멀미가 심한 나는 늘 미리 좌석을 창가 쪽으로 배정받아 혼자만의 괴로운 비행 시간을 견디곤 한다. 그날도 비행기에 미리 탑승하여 창가에 앉아 있었다. 그런데 머리에 히잡을 두른 여성이 다가오더니 다짜고짜 자리를 바꿔 달라고 하는 게 아닌가. 3열로 되어 있는 좌석 중에서 자기 자리는 한가운데인데, 복도 쪽 자리에 남성이 앉아 있어 도저히 그 자리에 앉을 수 없다는 것이 이유였다.

"나는 이미 좌석을 배정받았어요. 이 자리가 내 자리예요."

아무리 설명해도 도무지 말이 통하지 않았다. 결국 그날 나는 남자와 그 여자 사이 가운데 좌석에 앉아 좀 더 괴로운 비행을 해

야 했다. '남자와 여자가 함께 있지 못하다니 조선시대도 아니고 이게 무슨 일이지.'

　오늘날에도 여전히 남자와 여자가 함께 있을 수 없는, 있어서는 안 되는 나라들이 많이 있다. 이란, 사우디아라비아, 수단 등 수로 이슬람법을 엄격하게 지키는 이슬람 국가들이 그러하다. 그런데 대한민국 서울의 한복판에서도 그런 일이 있다면 믿어지는가?

　서울 도심 한복판에 있는 한 도서관. 여느 도서관과 달리 이 도서관은 책만 빌려 주고 읽는 곳이 아니다. 하나의 작은 학교이자 문화 공간이자 쉼터의 역할을 한다. 특이한 것은 주로 히잡을 쓴 여성들과 그들의 자녀들이 이용한다는 것이다. 일종의 금남의 집인 셈인데, 이곳은 차별과 구분의 장소가 아니라 포용과 배려가 넘치는 공간이다. 이번 장은 이 작은 축복의 장소에 매일 출근하는 샤인 선생님의 이야기다. 이 특별한 만남의 시작은 몇 년 전으로 거슬러 올라간다.

　제주도에 예멘 난민이 무더기로 들어왔다. 내전을 피해 자기 나라를 떠나 비자 없이 90일간 체류가 가능한 말레이시아로 탈출한 이들이 체류 제한 기간이 끝나자 제주도로 몰려온 것이다. 왜 하필 제주도였을까? 제주도는 외국인에게 무사증 입국 제도를 시행하고 있었고, 쿠알라룸푸르-제주도를 잇는 저렴한 직항기가 취항

하고 있었기 때문으로 추정된다. 당시 제주도에 예멘 난민 수용 문제를 두고 국내의 찬반 여론이 심하게 일어났다. 갑자기 증가한 난민으로 치안과 고용 사정이 우려된다는 주장이 있는가 하면, 우리나라도 이제 인도적인 차원에서 난민 수용에 앞장서야 한다는 주장이 부딪혔다.

그때 난민 신청자 중에서 임산부 한 명이 몸상태가 좋지 않아 일단 서울로 먼저 올려 보내야 하는 일이 생겼다. 서울에 아는 사람, 머물 곳 하나 있을 리 없는 그 여성은 샤인 선생님의 집에서 서너 달을 함께 살면서 출산까지 했다. 샤인 선생님이 이슬람권 선교사 출신이어서 연이 닿은 덕분이다.

그 일을 계기로 샤인 선생님은 오래전부터 꿈꾸어 온 일을 본격적으로 시작하게 되었다. 샤인 선생님은 하나님의 일을 하면서 다른 사람들을 돕고 싶다는 소원이 있었다. 그동안은 기회가 닿지 않았는데, 마침내 이 축복의 작은 장소를 통해 바라던 일을 시작하게 되었다.

아프리카와 중동에서 온 외국인 노동자들이 많은 곳에는 남편을 따라 한국에 온 부인과 아이들도 있다. 그들은 한국어를 전혀 할 줄 모르기 때문에 생활에 많은 불편함을 겪는다. 아이들을 학교에 보내는 일조차 어려울 때가 있다.

샤인 선생님은 이들에게 한국어를 가르치고 아이들의 방과후 수업을 돕는다. 한국어가 서툴러 해결하지 못하는 일들도 돕는다, 이를테면 병원이나 관공서 등을 함께 다니며 일을 봐 준다. 한 명 두 명으로 시작된 이 축복의 장소는 이제 아이들까지 합하면 40여 명이 오고가는 곳이 되었다. 주로 이슬람권 여성들이 매일 출근하듯 와서 한국어를 배우고, 정보를 나누고, 이야기 보따리를 풀어 놓으며 이국 땅에서 사는 외로움을 보듬는다.

샤인 선생님은 혼자가 아니다. 혼자라면 지쳐서 진즉 이 일을 그만두었을지도 모른다. 이 일에는 같은 마음을 품고 헌신하는 다른 선생님들이 있다. 그러기에 이 일은 오늘도 계속되고 있다.

주님이 마음 문을 열어 주시는 사람들과 함께 성경을 읽기도 한다. 샤인 선생님이 방문하는 한 가정은 마음이 많이 열린 친구여서 좀 더 깊이 있는 이야기를 나누고 있다.

하루는 예수님의 십자가에 대한 이야기를 하다가 그 친구가 호기심 가득한 목소리로 물었다.

"그래서 예수님이 살아나요? 언제 살아나요?"

집을 나시면서 샤인 선생님이 웃으며 대답했다.

"다음 주에 살아나실 거예요."

샤인 선생님이 마음을 쓰고 있는 또 다른 모임은 함께 식사하며 교제하는 식탁 교제 모임이다. 주중에 도서관에서 공식적으로 하는 일과는 별개다. 음식 문화가 달라 그들이 직접 요리를 준비해서 먹으면 입에 더 잘 맞겠지만, 하루 12시간씩 식당에서 일하는 친구들, 설거지를 너무 많이 해서 주부습진이 생긴 친구들에게 주말에까지 음식 준비를 맡기고 싶지 않았다. 좀 부족해도 직접 요리를 해서 따듯한 음식을 먹이고 싶었다. 결국 장보는 일부터 음식 만드는 일까지 샤인 선생님이 도맡아 하고 있다.

오후 4시쯤 되어 다 모이면 함께 음식을 먹고 차를 마시며 이런저런 이야기 보따리를 펼쳐 낸다. 한 친구가 이렇게 말한다.

"여기 와야 숨을 좀 쉴 수 있어요."

"맞아요. 정말 그래요."

옆에 있는 친구도 맞장구를 친다.

아랍어 성경을 읽고 이야기를 나누는 시간도 갖는다. 오늘 이야기의 주인공은 삭개오다. 한 사람씩 돌아가며 이야기를 나누고 질문도 한다. 우리는 대부분 삭개오가 예수님을 만나 변화된 삶에 대해 나누고, '나는 무엇을 주님께 드릴까'라는 생각을 한다. 그런데 이들이 던지는 질문은 엉뚱하고도 재미있다.

"아니, 삭개오가 아브라함의 아들이라고요? 그게 어떻게 가능해요?"

주로 이슬람권 여성들이 매일 출근하듯 와서
한국어를 배우고, 정보를 나누고, 이야기 보따리를 풀어 놓으며
이국 땅에서 사는 외로움을 보듬는다.

그들이 어려서 꾸란을 통해 배운 하나님은 오직 한 분, 유일한 분이시다. 그것은 그리스도인들도 믿는 바다. 그런데 그들이 듣기에 그리스도인들은 자꾸 하나님에게 아들이 있다고 말한다.

'하나님이 부인을 두어 아들을 낳았단 말인가? 에이, 말도 안 돼. 그러니 예수님은 그냥 선지자 중 한 사람이지 하나님은 아니야. 그렇게 될 수 없어!'

이렇게 교육받아 온 이들에게 '아들'은 민감한 단어다. 그래서 서로에게 묻는다.

"그래서 예수가 하나님의 아들이란 말이야? 너는 그걸 어떻게 믿어?"

늘 이런 의문을 갖고 있는 사람들이니 삭개오 이야기에서도 '아들'이란 단어에만 집중한다.

샤인 선생님의 지혜로운 답변이 이들의 질문을 잠재운다.

"나도 아브라함의 딸인데?"

그러면 여기저기서 친구들이 중얼거린다.

"아, 그렇구나. 그런 의미였구나!"

성경 이야기를 나누고 나면 각자의 문제들을 놓고 기도한다. 기도가 뭐냐고 묻는 친구들에게는 이렇게 대답한다.

"하나님한테 할 말 없어? 그거 말하는 거야."

마음이 착하고 여린 친구들은 기도하며 울기도 한다. 기도를 마치고 나면 다시 이야기 꽃을 피우며 시간을 보내다가 어둑어둑해져서야 집으로 향한다.

이 축복의 장소에는 방을 얻지 못한 친구들이 돈을 모아 방을 얻어 나갈 때까지 사용할 수 있는 공간도 마련되어 있다. 어떤 때는 한 명이 머무르기도 하고, 어떤 때는 비좁은 공간에 세 명이 함께 지내기도 한다. 어디 갈 곳 없는 이들에게 이 방은 잠시나마 안전한 보금자리가 된다.

이 모든 일을 해나가는 샤인 선생님은 고백한다.

"정말 주님께 죄송해요. 주님은 일하려고 하시는데, 저는 자꾸 '더 이상은 못해요'라고 말하거든요. 주님이 벌이시는 일을 선뜻 반기지 못해 늘 죄송해요. 그런데 신기하게도 주님이 하시려는 일은 제가 어찌한다 해도 계속 일어나고 지속되더라고요. 이런 일이 자꾸 반복되니 이제는 그냥 '주님이 하고 싶은 일 다하세요' 하며 마음을 내려놓았어요."

시간이 지나면서 무슬림 여성들과 샤인 선생님 사이에는 보이지 않는 신뢰가 쌓여 가고 있다. 이제 이들은 샤인 선생님을 믿고 자녀들을 맡기고 친구들도 데려온다. 이러한 신뢰는 어디에서 생긴 걸까?

시간이다. 이들과 함께하며 보낸 시간 말이다. 때로는 기쁘지만 때로는 작게 느껴지고 귀찮은 일들. 그러나 그들에겐 몹시 필요하고 중요한 일들을 함께 다니며 해결해 온 시간들.

   샤인 선생님은 시간이 주는 은혜를 알기에 오늘도 이들과 함께 수다를 풀어 놓으며 하루를 보내고 있다. 선생님의 이름처럼 그 안의 빛이 이국 땅에 온 여성들에게 비춰지기를 기도한다.

4 무료공부방에서 피어난 사랑
춘천 동산골 무료공부방 은 선생님 가정

"야! 이 쓰레기야!"

이게 무슨 소리인가 싶어 나가 보니 공부방 형이 같은 마을에 사는 동생을 보고 하는 소리였다. 쓰레기라는 소리에 너무나 화가 난 사모님은 자신도 모르게 그 형에게 소리쳤다.

"너는 얘가 쓰레기로 보이니?"

그 아이는 사모님의 두 눈을 똑바로 쳐다보며 말했다.

"네! 쓰레기예요."

녀석에게 질세라 사모님은 다시 한번 소리쳤다.

"너! 이런 식으로 하면 여기 못 다닐 거야!"

공부방 형이 쓰레기라고 부른 아이는 엄마 없이 아빠와 사는 아이였다. 아직 어린 나이지만 누구의 보살핌 하나 변변히 받지 못하고 다녀 유난히 마음이 쓰였는데 쓰레기라는 소리를 듣는 걸 보니 사모님은 화가 치밀었다.

그날 밤 사모님은 잠을 이룰 수 없었다.

'내가 왜 그렇게 아이에게 소리를 질렀을까? 잘 타이를 수도 있었는데…. 그 녀석이 혹시 공부방에 다시 안 오겠다고 하면 어떡하지?'

좀 더 지혜롭게 아이들을 타이르고 그들을 위해 더 많이 기도해야겠다고 생각해 본다.

춘천 동산면 조양리 한 작은 교회 안에 있는 무료공부방. 이 공부방의 나이는 스무 살이다. 공부방을 거쳐간 아이들 중에는 이제 장성하여 결혼하고 아이엄마가 된 친구도 있고, 대학생이 된 친구, 군대에 간 친구들도 생겼다.

지금은 열 명의 아이들과 두 명의 선생님이 공부방을 이끌어 가고 있다. 특이한 것은 두 선생님이 어머니와 딸 사이라는 점이다. 공부방이 끝나면 두 선생님의 남편이자 아버지인 김 목사님이 아이들을 차에 태워 한 명 한 명 집까지 데려다주는 운전기사로 수고한다. 일종의 가족 운영 공부방인 셈이다.

2000년, 젊은 시절부터 농촌 목회에 뜻을 두었던 김 목사님을 따라 온 식구가 동산골에 왔다. 시골 마을에 와 보니 생각보다 아이들이 많아서 놀랐다. 더 놀라운 것은 아이들이 교육과 전혀 상관없이, 아니 담 쌓고 살고 있는 것이었다. 부모가 이혼하여 조부모와 함께 살고 있는 아이들, 다문화 가정에서 태어났지만 엄마가 떠나 버린 아이들, 부모가 있어도 낮에는 일하러 도시에 나가기 때문에 늘 자기들끼리만 남겨진 아이들이 대부분이었다.

'이 아이들을 위해 무얼 해줄 수 있을까?'

고민하던 목사님은 피아노를 잘 치는 딸에게 방과 후 아이들을 불러 간단한 음악이론을 가르치고 기본 수준의 피아노 레슨을 하게 했다. 피아노만 치고 그냥 가게 하기가 아쉬워서 아이들에게 밥을 먹이기 시작했다. 한글을 모르는 아이에게는 한글을 가르쳐 주고, 구구단을 못 외우는 아이에게는 구구단을 가르쳐 주었다. 그러다 보니 자연스럽게 공부방이 시작되었다.

재미있는 사실은 어느새 초등학교 선생님들조차 자신들에게 힘겹고 감당이 안 되는 아이들을 무료공부방으로 보낸다는 것이다. 거기 가면 아이들이 좋아한다더라, 안정감을 느낀다더라 하는 얘기를 들었기 때문이다.

무료공부방에서는 매년 크리스마스가 되면 마을의 할아버지 할머니들을 모두 모셔 놓고 피아노 연주 발표회를 한다. 시골에서 살면서 꿈도 도전도 없이 살아온 아이들에게 공부방은 어디서도 느낄 수 없는 편안한 곳, 자기를 인정해 주는 곳, 그리고 사랑받는 곳이 되었다.

"공부방을 무료로 운영하지 말고 회비를 조금이라도 받으라고 주위 사람들이 조언하더군요. 그래야 아이들의 가족이 아이에게 좀 더 관심을 갖고 책임감을 느낀다고요."

그러나 김 목사님은 단호하게 무료로 공부방 운영을 고집하고 있다.

"고기 반찬이 나오는 날이면 아이들이 어김없이 '고기 더 주세요' 하며 빈그릇을 내밀어요. 평소 못 먹던 반찬이니까요. 아이들을 키우는 조부모 가정 중엔 아이들에게 고기 사 줄 형편도, 공부방에 단 돈 만 원도 낼 형편이 안 되는 가정이 많습니다."

공부방의 재정적인 책임은 교회가 고스란히 담당한다. 공부방은 이 교회의 주요 사역 중 하나다. 사실 공부방에 들어가는 경비는 아이들의 식비와 차량 운행비가 대부분이고, 은 선생님에게 지급되는 약간의 용돈이 전부다. 교회가 교회로서 역할을 잘 감당하려는 모습이 얼마나 아름다운가?

은 선생님에게도 사연이 없지는 않았을 것이다. 자신의 능력을 맘껏 발휘할 수 있는 도시에서 얼마든지 자유롭게 살 수 있었을 텐데. 어쩌면 자원하는 다른 선생님이 있어서 공부방이 운영되었다면 은 선생님은 다른 곳에서 다른 모습으로 지내고 있었을지도 모른다. 왜 여기서 공부방 선생님으로 남아 있느냐는 질문에 은 선생님은 대답한다.

"빙 돌아 이제 제가 있어야 할 곳이 여기 밖엔 없다는 것을 알았어요."

은 선생님의 자신감 넘치는 대답에 나는 할 말을 잃어버렸다. 하나님의 부르심에 누가 감히 "노"(No)라고 말할 수 있겠는가.

무료공부방의 은혜로운 이야기는 여기서 끝나지 않는다.

정부에서 숙원사업을 할 수 있도록 시골을 위한 예산을 편성하는데, 2015년에 동산골에도 기회가 주어졌다. 이때 마을 어르신들이 모두 공부방으로 들어가는 길목이 좁고 위험하니 넓고 편평한 다리를 놓아 주자는 데 뜻을 모아 주었다. 덕분에 공사비가 무려 1천만 원이나 되는 멋진 다리가 교회 앞에 놓이게 되었다.

그동안 마을 어른들은 하나도 빠짐없이 보아 온 것이다. 교회가 아무도 돌보지 않는 아이들을 불러다가 글을 가르쳐 주고, 피아노를 가르쳐 주고, 밥도 먹여 주면서 심기는 보습을….

그래서 우리 예수님은 산 위에서 제자들에게 이런 말씀을 하셨나 보다.

그동안 마을 어른들은 하나도 빠짐없이 보아 온 것이다.
교회가 아무도 돌보지 않는 아이들을 불러다가 글을 가르쳐 주고,
피아노를 가르쳐 주고, 밥도 먹여 주면서 섬기는 모습을….

너희는 세상의 빛이라. 산 위에 있는 동네가 숨겨지지 못할 것이요 사람이 등불을 켜서 말 아래에 두지 아니하고 등경 위에 두나니 이러므로 집 안 모든 사람에게 비치느니라. 이같이 너희 빛이 사람 앞에 비치게 하여 그들로 너희 착한 행실을 보고 하늘에 계신 너희 아버지께 영광을 돌리게 하라(마 5:14-16).

동산골 언덕 위에 우뚝 서 있는 무료공부방에서 나오는 빛이 얼마나 환하게 자신들을 비추고 있는지 동산골 사람들은 알고 있었다.

춘천을 출발하여 고속도로를 타고 서울로 오는 길에 은 선생님이 해준 이야기가 생각났다.

"어느 크리스마스 피아노 발표날이었어요. 두 친구가 함께 젓가락 행진곡을 연주하기로 되어 있었어요. 그런데 그만 한 친구가 오지 못하게 되었어요. 그동안 준비해 온 게 있는데 얼마나 속상하겠어요. 저라도 급하게 안 온 친구를 대신해 아이 옆에 앉아 젓가락 행진곡을 연주했죠. 그 아이는 두고두고 서와 함께 피아노 연주한 일을 친구들에게 자랑했어요. 친구들이 부러워하는 모습에 아이는 어깨가 한층 더 으쓱했죠. 제가 함께하는 것만으로도 아이가 행복해하는 모습을 보며 제가 있어야 할 자리에 대해 다시 한

번 생각해 보게 되었어요."

　행복은 아무래도 전염성이 있나 보다. 기뻐하는 아이를 보며 행복해하는 은 선생님을 떠올리니 내 마음에도 기쁨이 차오르고 나도 모르게 웃음 짓게 되니 말이다.

5 끊을 수 없는 하나님의 사랑
탈북민 자매들의 엄마 민 선생님

26년 동안 살던 해외에서의 삶을 정리하고 한국으로 돌아올 때, 민 선생님 부부는 '왜 한국일까?'를 생각해 보지 않을 수 없었다. 어디에서든 무슨 일을 하든 하나님께서 신실함으로 인도하실 것이라는 믿음은 있었다. 하지만 '왜 우리를 한국으로 보내시는 걸까' 하는 질문이 계속 맴돌았다. 어쩌면 그것은 하나님이 하실 일에 대한 기대감과 막막함 사이 그 어디쯤에서 나온 질문이었는지 모른다.

   민 선생님의 가정은 원래 중국을 떠나면서 북한의 P도시에서 사역하기로 되어 있었다. 말이 사역이지 매우 제한된 환경에서 은밀히 이루어지고 위험 부담이 이만저만한 일이 아니다. 그럼에도 하나님께서 이끄시는 길이라면 어디라도 갈 준비가 되어 있었다. 그런데 하나님께서 그 길을 막으셨다. 이유는 모른다. 다만 하나님께서 가라고 하시면 가고, 멈추라고 하시면 멈추며 살아온 민 선생님 부부이기에 이번 일도 그렇게 받아들이기로 했다.

북한에 들어가려고 준비하며 올려 드렸던 마음을 하나님께서 기억하시고 어떻게든 쓰시지 않겠는가 하는 믿음은 여전했다.

민 선생님은 귀국 전, 미국 LA에서 북한 사역자들과의 모임에 참석할 기회가 있었다. 그 모임에서 한 탈북민 형제를 만났다. 그는 한국에서 탈북민 자매들 몇 명을 고용하여 커피숍을 운영하고 있다고 했다.

한국에 돌아와 6개월쯤 지났을까? 커피숍을 하는 탈북민 형제에게서 연락이 왔다. 예전에 얘기했던 자매들 중 한 명이 아픈데 도와줄 수 있느냐고 그는 물었다. 그렇게 민 선생님과 탈북민 자매들의 만남은 시작되었다.

"나는 돈은 없지만 시간은 있어요. 그리고 내가 속해 있는 단체를 통해 도움을 요청할 만한 분들도 알고 있어요. 우리 같이 병원에 가 봐요. 자매의 사정을 한번 얘기해 볼게요."

민 선생님은 아는 의사에게 아픈 자매의 형편을 알렸고, 바로 다음 날 병원에 내원하라는 연락을 받았다. 함께 간 자매는 다행히 비교적 간단한 병이라는 진단을 받았다. 몇 차례 병원을 다니며 치료를 받으면 나을 수 있다고 했다.

"아~ 고맙습니다. 정말 고맙습니다. 전 그런 줄도 모르고 지난 1년 간 얼마나 걱정하며 떨었는지 몰라요. 암인 줄 알고…"

자매는 눈시울을 붉히며 말을 맺지 못했다.

자매는 소화 기능에도 문제가 있어 밥을 제대로 먹지 못하고 있었다. 밥을 한 숟가락이라도 넘기면 체해서 그동안 라면만 먹어야 했다. 속이 메슥거릴 때면 청양고추를 먹어야 그나마 느끼함이 가라앉는다고 했다.

위내시경 검사를 해보니 아무런 이상이 없었다. 결국 심리적인 문제였다. 심리적인 두려움이 몸에 병으로 나타난 것이다. 탈북민 중에 이런 증상을 호소하는 사람들이 많다고 한다. 신기하게도 병원에 가서 아무 문제가 없다는 진단을 받으면, 대개는 병의 공포에서 벗어나고 심리적인 압박에서도 자유로워져 바로 정상생활로 돌아간다.

그런 모습을 보며 민 선생님은 생각했다.

'아, 누군가 손을 잡고 가 줘야겠구나… 이들에겐 엄마 같은 사람이 필요하구나.'

민 선생님은 탈북민을 돕는 일에 같은 마음을 가진 사람을 보내 달라고 기도했다. 하나님은 이미 예비해 두신 것처럼 주 선생님을 만나게 해주셨다.

주 선생님의 아버지는 평생 북한 사역을 해오신 분이었다. 주 선생님은 아버지의 임종 앞에서 "아빠, 북한 사역은 제가 할게요. 맘 편히 가세요" 하며 아버지를 보내 드렸다고 한다. 이제 두 사람이 되었으니 팀이 생긴 셈이다. 한결 더 마음이 든든했고 보다 더 적극적으로 탈북민을 도울 수 있게 되었다.

한번은 탈북민의 문제를 해결하기 위해 법원에 가는 일도 생겼다. 그때 소개받은 변호사가 알고 보니 민 선생님의 교회 후배가 아닌가. 후배는 기꺼이 그들을 도와주었다. 하나님은 때마다 도움의 손길을 보내어 민 선생님의 길을 인도하셨다.

1년 정도 시간이 지난 어느 날, 탈북민 자매가 성경을 공부하고 싶다는 말을 먼저 꺼냈다. 자매는 한국에 온 지 10년이나 되었지만 이곳에 정을 붙이지 못하고 있었다.

"솔직히 남한 사람들이 너무 싫었어요. 은근히 차별하는 눈길도 싫었고요. 그런데 선생님을 만나고 나선 남한 사람들에 대한 인상이 바뀌었어요. 진심으로 대해 준다는 느낌이 들었거든요."

민 선생님은 자매를 만나면서 한 번도 성경공부를 하자고 말한 적이 없었다. 단지 자매가 혼자 가기 힘든 곳에 함께 가 주고, 필요한 일들을 함께 고민하며 주님께 도움을 청했을 뿐이다.

민 선생님이 한국에서만 살았더라면 탈북민의 삶을 이해하기가 쉽지 않았을지도 모른다. 그러나 선생님 자신도 외국에서 나그네로 오랜 세월 살아온 경험이 있기에 그들의 삶에 공감할 수 있었다. 어떤 사람은 북한을 가리켜 '언어만 통하는 타문화권'이라고 표현했다. 피부색, 생김새 등은 같은데 함께 지내 보면 전혀 다른 나라에서 온 사람들 같다는 뜻이다.

그들 중에는 경제적으로 형편이 어려워 병원비 낼 돈은 없어도 명품 옷에 명품 화장품을 바르고 외제차를 타고 다니는 사람들이 가끔 있다.

'빚이 있는데 어떻게 이럴 수 있을까?'

처음에 민 선생님은 도저히 이해할 수 없었다. 그래서 팀원들과 함께 탈북민 관련 책을 읽고 그들에 대해 공부하기 시작했다. 탈북민들은 자본주의 사회인 한국에서 혼자 힘으로 살기에는 너무나 가진 게 없는 사회적 약자 중에서도 약자 계층이다. 게다가 그들은 미래를 위해 돈을 모으는 습관이 몸이 배지 않았다.

십대에 부모를 떠나 홀로 자본주의 사회에 부딪쳐 가며 스스로 결정하지 않으면 안 되는 상황들, 강한 의지로 그 삶을 버텨 오며 지낸 시간들, 또한 공산주의 사회에서 자라면서 익숙해져 버린 틀에 박힌 조직생활로 인해 사고방식이 비교적 단순한 그들은 하고 싶은 일이 있으면 앞뒤 가리지 않고 실행하는 경우가 많다.

게다가 그들은 죽음의 고비를 몇 번이나 넘긴 경험이 있다. 그렇다 보니 불확실한 미래를 기대할 바에야 현재에 집중하는 편이 나아 보였는지도 모른다.

또 탈북민들 중에 적지 않은 수가 한국에 적응하지 못하고 다른 나라로 떠난다. 이들에게 한국은 영원히 머물 고향이 아니라 언제든 떠날 수 있는 타인의 나라다. 그렇기에 지금 당장 자신이 하고 싶은 일을 하는 것이 아닐까?

민 선생님의 팀은 그들의 모습을 있는 그대로 받아들이고 이해하고 존중하는 마음으로 주님께 기도하며 성령님이 그들 안에서 일하시길 소망했다. 서로 간에 신뢰가 쌓이면서 민감한 조언을 주고받는 것이 자연스러워졌을 무렵, 이들에게 '버는 것보다 덜 지출해야 한다는 것'을 가르치기로 했다.

엄마는 자식이 상황에 맞지 않는 행동을 할 때에라도 받아 주어야 할 때가 있다. 짐짓 모르는 척 넘어가 주어야 할 때도 있다. 늘 곁에서 인정해 주고 판단하지 않으며 함께 있어 주는 사람이 엄마다. 민 선생님과 팀원들은 그들의 엄마가 되어 주기로 결정했다.

지금은 다섯 명의 팀원이 다섯 명의 자매들과 일대일로 만나면서 그들이 처한 어려움을 나누며 돕고 있다. 더불어 말씀을 공부하며 주님을 만난다. 예수님의 귀한 자녀인 그들의 엄마가 되는 복을 누리고 있다.

지난 5월에는 자매들을 위해 '맛나 캠프'를 진행했다. 악몽에 시달리고 소화불량과 만성통증을 지닌 자매들을 생각하며 준비한 행사다. 전문 영양사의 건강한 식생활에 대한 강의를 듣고 자신의 식습관을 점검하며 직접 음식을 만들어 함께 먹었다. 밤늦게까지 게임하고 웃고 즐기며 1박 2일을 함께했다.

마지막 날 아침, 성찬을 집례하신 목사님이 말씀 중에 손으로 무언가를 표현하셨다. 하나님께서 우리의 손을 어떻게 잡고 계시는지 보여 주는 동작이었다. 우리가 손을 놓더라도 하나님의 손은 여전히 우리의 팔목을 잡고 계시기에 하나님과 우리는 결코 끊어질 수 없음을 보여 주는 것이었다.

성찬을 마친 후 한 자매가 이렇게 고백했다.

"저는 그동안 너무 괴롭고 힘들어 하나님이 저를 버리셨다고 생각했어요. 그런데 하나님이 저를 버리신 것이 아니었어요."

민 선생님은 매일 깨닫는다. 하나님께서 이들을 얼마나 사랑하시는지, 그리고 그들로 인해 선생님과 팀원들이 주님의 축복된 자리에 있게 되었음을···.

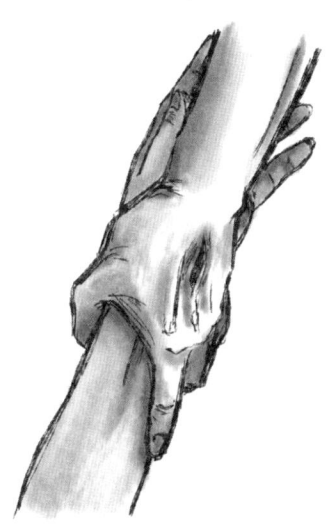

우리가 손을 놓더라도
하나님의 손은 여전히 우리의 팔목을 잡고 계신다.
하나님과 우리는 결코 끊어질 수 없다.

6 오늘 여기서 맛보는 하나님 나라
장애인과 비장애인 모두의 친구 장미 집사님

삼십대 후반의 나이에 한국살이를 시작한 장미 집사님은 중국 동포다. 고향인 연변에서도 교회에 다니기는 했지만, 제대로 신앙생활을 하며 믿음이 자란 것은 한국에 들어와 경기도 하남에 있는 한 교회에 다니면서부터다.

집사님은 고향에 두고 온 중학생 딸을 교육시키기 위해 닥치는 대로 일을 해야 했다. 많은 고향 사람들이 한국에 들어와 일하고 있었기에 가끔은 어울리며 타향살이의 시름을 풀어 볼 만도 했지만, 장미 집사님에게는 그것마저 사치스런 여유로 느껴졌다.

그런 집사님이 시간을 쪼개어 참석하는 모임이 있다. 주로 장애인 교우들이 참여하는 성경공부 모임이다. 몇몇 비장애인도 함께

하는 이 모임에 우연히 참석하게 된 집사님은 서로 어려운 처지를 알고 공감하는 분위기에서 왠지 모를 편안함을 느꼈다.

모임에 처음 참석한 날, 장애인부의 회원 한 명이 다가와 속삭이듯 물었다.

"집사님은 어떤 장애가 있어 이곳에 왔어요?"

장미 집사님은 웃으며 대답했다.

"키가 작은 것도 이유가 될 수 있을까요?"

장미 집사님의 하루는 24시간이 부족할 정도였다. 주일에도 예배 후에는 알바 거리가 있으면 일을 하러 나갔다. 집사님은 인근 병원에서 간호 보조사로 일하며 틈틈이 요양 보호사 과정을 이수했다. 4년 정도 병원에서 일한 후에는 새로운 직장인 옷가게에서 일을 했다. 남들보다 훨씬 더 일을 많이 하며 최선을 다했지만 늘 월급은 남들보다 적었다. 이유는 단 하나, 타국에서 온 사람이어서 그랬다.

일이 힘들고 살기가 팍팍하지만 장미 집사님은 현실의 무게에 눌리지 않고 분위기 메이커를 자처하며 직장 동료들과 한 식구로 자리매김을 해갔다. 원래는 소극적이고 사람들 앞에 잘 나서지 않는 성격이었지만, 한국에 와서 본격적으로 신앙생활을 하면서 장미 집사님은 달라졌다.

집사님은 자신이 참석하는 교회의 장애인부 이야기를 직장 동료들에게 들려 주기 시작했다. 저마다 어려운 처지에서도 어떻게 서로를 아끼고 돕는지, 어떻게 자립하려고 애쓰는지, 어떻게 이웃을 돌아보고 섬기는지 밖에서는 잘 보이지 않는 내부 이야기를 들려 주면 사람들은 관심을 보이며 귀를 기울였다.

한번은 장미 집사님이 장애인부에서 선교를 위한 '나눔마당'을 한다는 이야기를 지나치듯 한 적이 있었다. 그랬더니 평소 깍쟁이인 줄로만 알았던 옷가게 사장님이 나눔마당에서 판매하라고 직접 동대문 시장에 가서 옷을 떼 온 것이 아닌가. 덕분에 대부분의 판매 수익금을 헌금할 수 있었다.

교회 장애인부 식구들 중 상당수가 그들의 장애가 전혀 고려되지 않은 주거지인 지하나 반지하 단칸방에서 살고 있었다. 휠체어가 도저히 드나들 수 없는 곳이었다. 그런데 시 자치단체의 배려로 작지만 온수가 나오고 엘리베이터가 있는 50년 장기임대 아파트에서 살 수 있게 되었다.

새로운 터전으로 옮긴 식구들을 위한 수요모임을 장애인 교우들의 새 주거지에서 시작하게 되었다. 수요일 오전에는 근처의 장애인 복지센터에서 사회공부와 역사공부를 했다. 학령기에 배우지 못했던 공부를 보충해서 사회의 일원으로 살아가기 위한 것이었다. 오후에는 각기 새 둥지를 튼 원룸형 가정에 모여 성경공부를 했다. 하루 일정을 마칠 때면 장소를 제공한 집에서 고구마나 계란을 삶아서 내놓았다. 받는 데만 익숙하던 장애인부 교우들이 저마다 정성껏 준비한 좋은 것을 대접하기 시작한 것이다.

그동안 15년을 장애인부에서 함께 활동하면서 제 힘으로 문밖에도 못 나가던 많은 교우들이 주일과 수요일을 중심으로 신앙생활과 생활 훈련을 하면서 차츰 외부로 활동 영역을 넓혀 갔다. 처음에는 강원도, 그 다음에는 남해의 비금도를 거쳐 제주도에 다같이 갔다. 그리고 드디어 중국의 연변 조선족 자치주와 백두산 천지에 오르는 일정의 하계 신앙수련회를 가게 되었다.

장미 집사님은 중국에 살 때 이미 몇 번이나 백두산에 다녀왔지만, 장애인 교우들은 중국 방문도 처음이고 백두산 등반도 처음이었다. 휠체어를 탄 중중장애인 6명, 장애이 7명, 비장애인 13명 총 26명이 설레는 마음을 안고 백두산 천지에 오르겠다고 길을 나섰다. 소변기와 대변기를 비장애인 교우들이 허리에 차고 등에 멘 채였다.

백두산 주차장에 도착해서 보니 이미 끝이 안 보이는 등반객 줄에 모두들 포기하고 싶은 마음부터 들었다. 날은 덥고, 그날 백두산을 보러 온 사람이 약 5천 명이라고 했다.

평소 외출이 자유롭지 못한 장애인 교우들이기에 장미 집사님은 그들에게 꼭 백두산 천지를 보여 주고 싶었다. 하지만 이 상황에서 그대로 올라가면 교우들이 고생할 게 뻔하고 쓰러지는 사람마저 나올 것 같았다.

"장미 집사님, 왜 그러세요? 무슨 고민이리도 있어요?"

안절부절 못하는 장미 집사님을 보고 동행한 목사님이 물었다.

"보다시피 줄이 이렇게 길잖아요. 올라가기도 전에 지치고 말겠어요. 공안들에게 가서 우리 사정을 얘기해 볼까요?"

"네, 한번 해보세요. 안 되면 할 수 없고요."

목사님 말에 용기를 얻은 장미 집사님은 공안들 중 높은 사람을 찾아갔다. 마침 식사 중인 그 사람 앞에서 장미 집사님은 유창한 중국어로 말문을 뗐다.

"우리는 한국에서 온 장애인 단체입니다. 휠체어가 여섯 대나 되고, 장애인이라 기다리기가 너무 힘든데, 혹시 우리에게 버스 한 대를 내주실 수 있을까요?"

장미 집사님은 자신이 무슨 정신으로 그런 이야기를 했는지 지금 생각해도 아찔하다고 했다.

뜻밖에도 공안으로부터 듣게 된 대답은 "오케이"였다. 그는 버스를 내주었을 뿐만 아니라 중간 시점에서 천지까지 가는 길에서도 기다리지 않고 갈 수 있도록 배려해 주었다. 심지어 버스에 휠체어를 싣는 일까지 도와주었다. 그야말로 기적이었다.

장미 집사님의 마음과 백두산을 꼭 보기를 바라는 회원들
모두의 간절함에 하나님께서 응답하시어 기적이 일어났다.
그날 올라간 백두산 천지는 구름 한 점 없이
깨끗한 하늘을 그대로 담고 있었다.

일행을 위하는 장미 집사님의 마음과 백두산을 꼭 보기를 바라는 회원들 모두의 간절함에 하나님께서 응답하시어 기적이 일어난 것이다. 그날 올라간 백두산 천지는 구름 한 점 없이 깨끗한 하늘을 그대로 담고 있었다.

백두산 경험은 장미 집사님뿐 아니라 함께 간 장애인 교우들의 생각과 행동을 바꿔 놓았다. 늘 소극적으로 다른 사람들의 도움을 기다리기만 하던 장애인들이 자기 스스로 할 수 있는 일을 하게 되고, 자기 능력이 닿는 대로 다른 사람들을 도울 일을 찾게 되었다. '예수님 안에서 산다'는 것은 주님이 그분과 동일시하는 '작은 자들과 더불어 사는' 것임을 그들은 알게 되었다.

2년 후에 일본으로 간 수련회에서는 지하철과 도보로만 이동하여 하루에 2만 보를 넘게 걷기도 했다. 이제 그들 앞에 더 이상의 두려운 장애는 없다. 아니 없지는 않다. 그러나 함께라면 다같이 헤쳐 나갈 믿음이 있다.

장미 집사님을 만나 집사님과 함께하는 장애인부의 이야기를 들으면서, 하나님 나라가 그곳에서 이루어지고 있음을 보았다.

그때에 이리가 어린 양과 함께 살며
표범이 어린 염소와 함께 누우며

송아지와 어린 사자와 살진 짐승이 함께 있어

어린 아이에게 끌리며

암소와 곰이 함께 먹으며

그것들의 새끼가 함께 엎드리며

사자가 소처럼 풀을 먹을 것이며

젖 먹는 아이가 독사의 구멍에서 장난하며

젖 뗀 어린 아이가 독사의 굴에 손을 넣을 것이라.

내 거룩한 산 모든 곳에서 해 됨도 없고

상함도 없을 것이니

이는 물이 바다를 덮음같이

여호와를 아는 지식이 세상에 충만할 것임이니라(사 11:6-9).

장애인과 비장애인이 힘께 살아가는 하나님 나라를 그들은 여기 이곳에서 지금 매일 맛보고 있다.

7   기도가 건강한 공동체를 세운다
중보기도 지킴이 아이리타 선생님

아이리타 선생님은 어려서부터 기도에 관심이 많았다. 선생님의 삶은 기도를 빼놓고 생각하기 어렵다. 적지 않은 날을 자신이 속한 기도 그룹과 함께 한 시간씩 기도를 해왔다. 코로나 팬데믹으로 인해 대면해서 만나기 힘든 요즘에도 온라인 기도 모임을 쉬지 않고 이어 가고 있다.

대학 시절, 아이리타 선생님은 가까운 친구가 하나님께 기도하는 모습을 보면서 '어쩜 저리도 하나님과 친할 수 있을까?'라고 생각한 적이 있었다. 자신도 모세가 친구와 이야기하듯 하나님을 대면하던 친밀함이 묻어나는 기도를 하고 싶었다.

대학을 졸업하고 몇몇 믿음의 친구들이 매주 모여 나라를 위해 기도하는 중보기도 모임을 가졌다. 그때 아이리타 선생님은 당시에는 번역되지 않았던 『세계기도정보』(Operation World) 책자를 일주일에 한 나라씩 번역하여 50개 주소로 보내는 일을 했다. 그러다가 어느 날 문득 '에이, 이런 거 보고 누가 기도하겠어?'라는 생각이 들어 책자 발송을 그만두었다. 3주쯤 지났을까? 선생님은 예수원에서 온 엽서 한 장을 받았다. 엽서에는 이렇게 적혀 있었다.

"그동안 보내 주신 기도 정보로 대도(代禱, 다른 사람을 위한 기도) 시간에 기도를 해왔는데, 왜 이제는 안 보내 주시나요?"

아무도 읽지 않고 쓰레기통에 버려질 거라고 생각했던 기도정보 편지가 예수원의 대도 시간에 그토록 귀하게 쓰임 받고 있었다니. 아이리타 선생님은 회개하고 그 일을 계속 이어 갔다. 지금도 어디선가 진심으로 기도하는 사람들이 있다는 걸 알게 되었기 때문이다. 아이리타 선생님은 나중에 선교사가 되어 해외 사역지에 나가 있던 27년 동안에도 멈추지 않고 선교편지를 보냈다. 그 편지를 보고 누군가는 반드시 기도할 테니까.

기도에 관한 많은 책을 읽으며 기도가 무엇인지 더 배우기를 갈망하던 아이리타 선생님이 깨닫게 사실은 이것이다.

"기도는 기도를 통해서만 배울 수 있다."

기도는 책이나 세미나를 통해 배우는 것이 아니었다. 직접 자기 에너지와 시간을 들여 기도할 때, 우리는 비로소 참된 기도를 향해 한 걸음을 내딛게 된다.

안식년을 마치고 다시 선교지로 들어가기 전, 아이리타 선생님은 인생에서 새로운 전환점을 맞이하는 사건을 맞이했다. 예상치 못하게 암 진단을 받은 것이다. 치료를 위해 1년 반 정도를 가족과 떨어져 한국에 더 머물게 되었다. 항암 치료 과정은 말로 다할 수 없이 고통스러웠지만, 치료가 끝난 이후에 갖게 된 혼자만의 시간은 지금껏 경험해 보지 못한 행복한 시간이었다고 아이리타 선생님은 회상했다.

"혼자 지내기 힘들지 않느냐고 사람들이 자꾸 물어봤어요. 그런데 저는 사실 너무너무 행복했어요. 매일 기도하고, 말씀 읽고, 밥 먹고… 잠시 쉬었다가 다시 기도하고, 말씀 읽고… 그때 저는 알았어요. 하나님과 친해진다는 게 이런 거구나. 이 이상 뭘 더 바랄 수 있는가."

기도를 계속하면서 아이리타 선생님은 점점 하나님의 마음을 알게 되었고 선생님이 속해 있는 공동체를 기도로 섬겨야겠디는 간절한 마음을 갖게 되었다. 그래서 한 마음으로 함께 기도할 사람들을 모으기 시작했다.

그 첫 번째 시도가 북한을 위해 기도하는 모임이었다. 같은 마음을 품은 몇몇이 동참하면서 매주 함께 기도하게 되었다. 사정이 생겨서 참석하지 못하는 이들도 있었지만, 아이리타 선생님은 변함없이 기도의 자리를 지켰다. 그렇게 기도한 시간이 어느덧 5년 가까이 되어 가고 있다. 선생님의 기도 모임은 이렇게 하나씩 하나씩 계속 생겨났다.

아이리타 선생님은 기도 부자(富者)다. 함께 기도하는 그룹이 한둘이 아니다. 소속 단체를 위한 기도 모임, 국제 기도 코디네이터 기도 모임, 북한(한반도)을 위한 기도 모임, 동서들(가족)의 기도 모임, 남편과의 기도 모임 등.

그중에서 동서들과 함께하는 기도 모임이 특별하게 다가온다. 동서들에게 같이 기도하자고 제안했을 때, 동서들 모두가 좋아했다고 한다. 세 명의 며느리가 정해진 시간에 SNS 단체 채팅방을 통해 가족을 위해 기도하는 것이다. 신기하게도 가족을 위해 함께 기도하면서 서로가 처한 상황을 더 잘 이해하게 되었다. 그러니 동서 간의 관계가 깊어지지 않을 수 없었다. 오랜 세월을 해외에서 보내느라 만날 기회가 많지 않아 자칫 관계가 소원하고 서먹해질 수 있었는데, 기도의 끈이 그들을 하나로 묶어 주었다.

아이리타 선생님은 늘 같은 마음을 품은 사람들과 함께 기도한다. 선생님의 기도를 지금까지 지탱해 준 것은 전도서 말씀이다.

한 사람이면 패하겠거니와 두 사람이면 맞설 수 있나니 세 겹 줄은

한 사람이면 패하겠거니와 두 사람이면 맞설 수 있나니
세 겹 줄은 쉽게 끊어지지 아니하느니라(전 4:12).

쉽게 끊어지지 아니하느니라(전 4:12).

함께하는 기도의 능력은 계속해서 기도의 사람들을 불러 일으켰다. 선생님과 함께 기도하던 사람들이 또 다른 기도 그룹을 만들어 기도를 이어 가게 된 것이다.

기도의 사람들은 대부분 경험하겠지만, 누군가를 위해 기도할 때 가끔 하나님께서 생각나게 해주시는 사람이 있다. 물론 그 사람은 누군가가 자신을 위해 기도하고 있는 것을 전혀 모르지만, 그 사람을 위해 기도할 때 성령의 역사들이 일어나는 것을 경험하게 된다.

아이리타 선생님은 그렇게 기도하면서 떠오른 사람에게 안부를 물으며 말씀 한 구절을 보내 준다. 그 말씀을 받은 많은 사람들이 당시 자신에게 꼭 필요한 말씀이었다며 위로와 격려를 받았다고 한다. 나는 이것이 기도를 통한 성령의 역사임을 믿는다.

"선교지에서 돌아온 후 한동안 제가 '사역을 쉬고 있다'고 생각했어요. 그런데 문득 꼭 선교지에 가고, 눈에 드러나게 일을 벌이고, 특정한 결과를 이끌어 내야 선교이고 사역일까 하는 생각이 들었어요."

흔히 선교사들은 하나님께서 자신을 하나님의 선교 사업에 일꾼으로 부르셨다고 생각한다. 그러나 그 부르심에는 우리가 어디에 있든지, 어디를 가든지, 어떤 일을 하든지 자신이 속해 있는 곳을 건강한 공동체로 세우는 일이 포함된다.

"지금 여기에서 제가 할 수 있는 사역이 무엇일까를 고민했지요."

국제 선교단체에서는 대부분의 프로그램들이 영어로 진행된다. 참여한 한국인들에게 언어의 장벽은 만만치 않다. 얼마 동안은 그러저럭 버티더라도 기간이 길어질수록 힘들어한다. 아이리타 선생님은 그런 한국인들을 돕고 싶었다. 그래서 동시통역사를 보내 달라고 본부에 요청하고, 프로그램에서 사용하는 워크숍 자료들을 번역해서 제공했다. 선교사 부인들과 교제를 나누며 오랫동안 해외에서 선교해 온 자신조차 영어로 듣고 말하는 것이 쉽지 않다는 사실을 보여 주며 정서적인 위로감을 주었다. 포기하고 싶은 사람들을 일으켜 세워 함께 걸어간 것이다. 돌아보니 그 일은 단순히 한국인을 돕는 차원을 넘어 건강한 공동체를 세우는 일에 부르심을 받고 순종했던 것임을 알게 되었다.

'아, 내가 속한 곳을 건강한 공동체로 세우라고 하나님께서 나를 부르신 거구나.'

아이리타 선생님은 이렇게 생각이 바뀌고 나서 기도뿐 아니라 어떤 일을 하든, 어디에 있든지 건강한 공동체를 세우기 위해 섬기는 자리에 있게 되었다.

아이리타 선생님이 활짝 웃으며 한 말이 지금도 귓가에 맴돈다.

"예수님께서 항상 살아 계셔서 하시는 일이 기도라면, 기도가 정말 중요하다는 뜻이잖아요. 그래서 저도 기도합니다."

그러므로 자기를 힘입어 하나님께 나아가는 자들을 온전히 구원하실 수 있으니 이는 그가 항상 살아 계셔서 그들을 위하여 간구하심이라(히 7:25).

8 할머니들의 발길이 머무는 1307호
실버 구역의 든든한 버팀목 홍 전도사님

요즘은 집으로 사람들을 초대한다거나 집에서 모임을 갖는 경우가 흔치 않다. 그런데 서울 외곽의 작은 동네에 있는 한 아파트 13층에는 늘 할머니들의 발걸음이 끊이지 않는다. 집 주인이 누구일까?

결혼하고 남편과는 딱 7년을 함께 산 삼남매의 어머니, 과부 홍 전도사님이 이 집의 주인이다. 나는 이분의 삶을 50년 간 아주 가까이서 지켜보았다. 홍 전도사님은 서울 도심에 있는 한 교회에서 17년 간 심방 전도사로 시무하고 은퇴한 후, 이곳 외곽의 아파트에 살면서 집 앞 교회의 명예 전도사로 20년째 섬기고 있다.

홍 전도사님이 섬기는 교회에는 특이한 구역이 있는데, 바로 실버 구역이다. 담임목사님은 구역장으로 홍 전도사님을 세웠다. 매주 금요일 오전 11시에 구역 식구들이 모여 함께 예배하고 기도한 다음 식탁의 교제를 나눈다. 실버 구역 식구들의 99퍼센트는 할머니들이다. 실버 구역 모임이 시작되자 순식간에 35명이 넘는 할머니들이 모였다. 교회에서 가장 거대한 구역이 되어 기세당당하게 할머니들이 '주름잡는' 구역 모임을 해온 지 벌써 12년째다. 놀랍게도 실버 구역 식구들은 선교사를 두 명이나 후원하고 있다.

모두가 65세 이상인 할머니들의 모임을 상상해 보라. 모인 분들의 수만큼 의견이 나오는 모임이리라. 그래선지 무슨 일을 하든 섭섭해하는 분들이 늘 한두 분씩 생긴다. 그런 분은 홍 전도사님의 아파트 문을 두드린다. 집에 들어와선 누가 이랬네, 누가 저랬네, 이게 섭섭하네, 저게 섭섭하네를 늘어놓는다. 홍 전도사님은 냉장고에 있는 아무 기나 꺼내서 이름 없는 요리를 만들어 함께 먹으며 그저 그분들의 이야기를 다 듣는다. 이 집에 온갖 속상한 것들을 다 풀어 놓고 돌아가는 할머니들의 발걸음은 어느새 가벼워져 있다.

홍 전도사님 집의 냉장고는 요술상자다. 찾아오는 사람들을 먹이느라 비어 있어야 할 냉장고는 이상하게도 늘 채워진다. 꺼내서 음식을 만들어 먹고 나면 어디선가 다시 채워진다.

냉장고에 있는 아무 거나 꺼내서 이름없는 요리를 만들어
함께 먹으며 그저 그분들의 이야기를 다 듣기만 한다.
이 집에 온갖 속상한 것들을 다 풀어 놓고 돌아가는
할머니들의 발걸음은 어느새 가벼워져 있다.

홍 전도사님은 과부로 지낸 지 올해로 45년이 되었다. 전도사님은 하루 두 번, 새벽과 저녁에 교회에 나가 기도를 하신다. 무슨 기도를 그렇게 많이 할까도 싶지만, 아파트 경비 아저씨, 같은 아파트에 사는 4층, 5층, 7층, 9층, 14층… 만나는 사람마다 그 가족들을 위해 기도하신다. 20여 년 동안 이 아파트에서 오며 가며 이분 저분과 이야기를 나누며 이웃들의 사정을 알게 되면서 그분들을 위해 기도하신다. 엘리베이터 안에서 그분들을 만날 때마다 "제가 늘 기도하고 있어요"라는 말을 빠트리지 않는다. 말로만 그렇게 하는 것이 아니라 정말 그렇게 날마다 그들을 위해 기도하신다.

바울이 디모데에게 보낸 첫 번째 편지에 쓴 참 과부에 대한 말씀은 홍 전도사님을 염두에 둔 것만 같다.

> 참 과부로서 외로운 자는 하나님께 소망을 두어 주야로 항상 간구와 기도를 하거니와(딤전 5:5).

한번은 홍 전도사님이 집앞 세탁소 아주머니를 전도하러 갔다가 가게에 손님으로 오신 분을 만났다. 그분은 암 투병 중인 권사님이었다. 홍 전도사님은 처음 만난 분을 집에 데려와 이런저런 이야기를 나누었다. 권사님은 자신이 살아온 파란만장한 삶을 다 털어놓았다. 암으로 돌아가시기 몇 달 전까지도 계속 찾아오셨다. 소천하시고 얼마 후 권사님의 아들에게서 전화가 왔다.

"저희 어머님이 홍 전도사님께 늘 고마워하셨습니다."

홍 전도사님이 만나는 사람 중에는 65세가 넘은 특이한 할머니도 계신다. 그분은 자신도 손주가 있는 할머니이면서 홍 전도사님을 "어머니"라고 불렀다. 그분은 약속을 지키지 않을 때가 많고, 뻔히 보이는 거짓말을 아무렇지 않게 하신다. 나 같으면 속은 게 억울해서라도 다시 만나지 않을 것 같은데, 홍 전도사님은 몇 년째 이분을 품어 주신다. 지난 일은 생각나지 않는 것처럼 늘 반갑게 맞이하며 식사를 대접하신다.

남편과 싸우고 답답한 마음을 식히러 홍 전도사님을 만나러 오는 할머니도 계신다. 사고로 허리가 굽어 유모차를 끌고 다니시는데, 한번 남편 험담을 시작하면 끝을 모르고 쏟아내신다. 다행히 집에 가실 때는 가벼운 마음이 되어 웃으며 일어나신다.

홍 전도사님의 침대 옆에는 책상이 있다. 전도사님은 늘 그곳에 앉아 말씀을 읽는다. 구약은 104번, 신약은 110번 읽었다고 한다. 치매를 예방하기 위해 산상수훈과 로마서 8장 말씀을 잠들기 전에 소리내어 외우신다. 홍 진도사님과 함께 여행을 하며 같은 방을 쓴다면, 어김없이 매일 밤 실시간 성경 오디오(?)를 듣게 될 것이다.

홍 전도사님의 책상 서랍에는 십일조 봉투와 함께 큰 서류 봉투가 들어 있다. 이른바 물건 십일조 봉투다. 누가 감자를 가져오면 감자 값의 십일조를 계산하여 봉투에 넣고, 누가 닭 한마리를 사 오면 닭 값의 십일조를 넣고, 누가 해외여행을 다녀오며 립스틱을 선물하면 또 그 값을 계산하여 십일조를 그 봉투에 넣는다. 이렇게 모은 십일조는 어려운 개척교회에 헌금하신다.

마가복음 12장과 누가복음 21장에는 가난한 과부가 드린 두 렙돈 이야기가 나온다. 예수님은 제자들에게 말씀하셨다. "내가 진실로 너희에게 이르노니 이 가난한 과부는 헌금함에 넣는 모든 사람보다 많이 넣었도다. 그들은 다 그 풍족한 중에서 넣었거니와 이 과부는 그 가난한 중에서 자기의 모든 소유 곧 생활비 전부를 넣었느니라"(막 12:43-44).

홍 전도사님의 딸인 나는 다섯 살 때 아버지가 돌아가신 이후로 아버지에 대해 묻지 않았다. 그 물음이 혹여 어머니에게 상처를 주지 않을까 하는 생각 때문이었다.

오래 전 어느 날 어머니는 아버지가 돌아가시던 날 이야기를 해 주셨다.

암으로 약 2년 정도 투병하다가 돌아가시던 날, 임종을 지키기 위해 아버지 곁에 앉아 있던 어머니는 비몽사몽간에 꿈을 꾸셨다.

하늘에서 모세와 엘리야가 내려와 아버지를 살짝 들어올려 하늘로 데려가는 꿈이었다(아마 우리가 천국에 가면 누가 모세인지 누가 엘리야인지 단번에 알게 될 것이다). 어머니는 그 모습을 보며 '아, 너무 좋겠다'라고 혼잣말을 하셨다고 한다. 그 순산 갑자기 사람들의 통곡 소리가 들려 깨 보니 아버지가 막 운명하셨다.

장례를 치르며 어머니는 이상하게도 눈물이 나지 않으셨다고 한다. 주변 어르신들은 '남편이 젊은 나이에 죽어 아내가 정신이 나간 모양이다'라고들 했다. 그러나 어머니는 울지 않는 이유가 충분히 있었다. 아버지가 좋은 곳에 가신 것을 확실히 보았기 때문이다.

하나님의 편애는 고아와 과부, 그리고 나그네들에게 치우친다. 그들의 공통점이 무엇일까? 그건 하나님 외에 기댈 곳이 없다는 것이다. 그들은 하나님의 도움 없이는 살아가기 어려운 사람들이다. 하나님께만 의지할 수밖에 없는 상황인데 어떻게 하나님께서 그들을 특별히 더 사랑하지 않을 수 있단 말인가?

나는 50년 동안 하나님께서 이 과부를 얼마나 편애하시는가를 보았다. 그리고 편애받은 과부가 그 사랑을 갚느라 평생 자신의 삶 전부를 드려 이웃을 섬기는 모습도 보았다.

이제 홍 전도사님은 7년이 지나면 아셀 지파 바누엘의 딸 안나 선지자처럼 84세가 되신다. 어쩌면 안나 선지자보다 더 긴 시간을 성전에서 주야로 기도하는 과부가 될는지도 모른다. 그 또한 하나님만이 아실 일이다.

또 아셀 지파 바누엘의 딸 안나라 하는 선지자가 있어 나이가 매우 많았더라. 그가 결혼한 후 일곱 해 동안 남편과 함께 살다가 과부가 되고 팔십사 세가 되었더라. 이 사람이 성전을 떠나지 아니하고 주야로 금식하며 기도함으로 섬기더니(눅 2:36-37).

9 중앙아시아 유학생들의 쉼터

러브 나그네 이야기

이제 마지막으로 내 이야기를 하려고 한다.

10년 간 키르기스스탄의 작은 도시 오쉬에서 치과 의사인 남편은 현지인 치과 의료인을 교육하는 일을 했다. 여성 목사로 멋지게 교회개척 사역을 할 것이라 기대하며 나를 파송했던 기관은 몇 년 동안 내가 보내 온 선교편지를 읽으며 실망했는지 후원을 멈추었다. 선교하라고 보낸 선교사가 선교를 안 하고 있다는 것이 이유였다. 그렇다면 나는 도대체 거기서 '선교'를 안 하고 무슨 일을 한 걸까?

내가 한 일은 무슬림 치과병원 직원들에게, 그리고 내가 만나는 사람들에게 맛있는 밥을 해서 먹인 것이었다. 최선을 다해 매주 금요일마다 상다리가 부러져라 음식을 차려 냈다. 식사 후에는 둘러앉아 한 주 동안 감사했던 일들을 돌아보며 이야기를 나누었다. 평생을 감사한 것이 무엇인지 생각지 않고 살아온 그들은 처음에는 그 시간을 어색해했다. 하지만 시간이 지나면서 아주 자연스럽게 감사한 일들을 나누게 되었다. 직장에서도 더 즐겁게 일하게 되고, 혹 관계에 문제가 생기더라도 모임을 통해 회복되는 일들이 일어났다.

한 친구는 결혼한 지 5년이 되도록 아이가 없었다. 우리는 같이 기도하자고 했다. 모임 때마다 함께 기도했다. 그리고 얼마가 지났을까? 그 친구가 어느 날 나를 찾아와서는 빅뉴스가 있다고 했다. 아이를 가졌단다. 놀랍게도 무슬림인 그 친구는 이렇게 고백했다.

"이게 다 기도한 덕분이에요."

그는 아이의 이름을 우리 치과병원의 이름을 따서 '메럼'(사랑)이라고 지었다.

함께 밥 먹는 일이 단순히 밥 먹는 데서 끝나지 않는다는 사실을 지난 10년 간 경험했다.

아이러니하게도 후원이 끊어진 그해부터 나는 목사가 할 수 있는 신학교 사역을 맡아 섬길 기회를 얻었다. 강의도 하고 회의도 진행했지만, 학생들을 위해 밥을 해주고 맛있는 빵을 구워 가서 함께 먹는 시간이 가장 즐거웠다. 한 학생이 빵을 먹고 감동했다면서 나를 위해 시를 써서 읽어 주었다. 하나님께서 아브라함에게 하늘의 별들을 보여 주셨는데, 그 수많은 별들 중 샛별 하나를 오늘 자신들에게 보내 주셨다는 시였다. 그 샛별이 자신들에게 맛있고 달콤한 빵을 먹여 준다는 고백이었다. 내 이름이 현지어로 '촐폰'인데, 샛별이라는 뜻이다.

귀국해서 한국에 있는 어느 날, 내게 신학교 졸업생 한 명이 영상통화를 요청했다. 그는 신학교에 찾아가 후배들을 위해 직접 밥을 해주었다며 함께 식사하는 모습을 영상으로 보여 주었다.

"이렇게 밥 해 먹이는 거, 촐폰 선생님이 가르쳐 준 거잖아요. 보세요!"

아, 나는 선교지에서 선교는 안 하고 밥 하는 일만 했구나… 정말 그런 걸까?

2012년 안식년을 맞아 미국의 풀러신학교에서 공부하며 선교 관련 논문을 쓰게 되었다.

'선교지에서 내가 한 일은 죄다 밥 해서 먹인 건데, 이런 이야기를 논문에 써도 되는 걸까?'

그러나 예수님께서 이 땅에서 하신 일이 무엇인지 공부하면서, 내가 밥 한 일이 그분이 사람들을 섬기신 일과 완전히 똑같다는 사실을 발견하게 되었다. 디아코니아!

와우, 내가 한 일이 예수님이 하신 일과 똑같다니. 내가 한 일이 예수님의 디아코니아였다니. 나를 새롭게 발견하고 나니 지금도 선교지에서 열심히 밥하고 있는 수많은 여성 선교사들이 떠올랐다. 선교지에서 주로 밥하고 있는 자신을 보며 '내가 선교사 맞나' 하며 정체성을 고민하고 있는 여성 선교사들에게 얼른 이 기쁜 소식을 알려 주고 싶었다.

"여러분이 지금 하고 있는 밥 사역이 예수님이 하신 디아코니아와 똑같아요."

논문을 쓰면서 감격에 겨워 눈물을 흘린 적이 많았다. 주님의 디아코니아 사역에 나를 불러 주신 일이 생각할수록 감사했다. 그렇게 완성한 논문을 책으로 만들어 키르기스스탄에 있는 여성 선교사들의 손에 한 권씩 쥐어 주었나. 우리들의 이야기를 썼다고, 우리 모두가 디아코니아를 하고 있다고, 이제 더 이상은 선교하고 있지 않다는 말은 하지 말라고….

2017년 여름 우리 가족은 10년의 시간을 뒤로하고 키르기스스탄을 떠나 귀국했다. 남편은 한국에 돌아와 다시 치과 병원을 열었는데, 나는?

키르기스스탄에 있을 때, 나는 한류 열풍에 힘입어 '오쉬 세종

학당'에서 한국어를 가르쳤었다. 학생들은 단순히 재미로 한국어를 배우는 게 아니라 큰 꿈을 꾸며 아주 열심히 공부했다. 키르기스어는 한국어와 문법이 비슷해서 대개 6개월만 지나면 술술 한국어로 대화가 되었다.

선교지에서 만난 학생들을 한국에서 만나게 될 거라는 생각은 해본 적이 없었다. 중앙아시아 키르기스스탄의 작은 도시 오쉬에 살던 학생들이 한국 대학생이 되어 캠퍼스를 누비고 다닌다는 것은 더더욱 상상하기 어려웠다. 그런데 상상이 현실이 되어 그들이 한국으로 오고 있었다. 그들이 먼저 이곳 한국에 와서 나를 기다리고 있었다.

2018년 2월부터 내가 섬기는 연지교회에서 '러브 나그네'라는 이름으로 주일 오후 2시에 키르기스스탄을 중심으로 중앙아시아에서 온 유학생 모임을 시작한 지 벌써 2년 반이 되어 간다. '러브'(Love)는 영어의 동사형으로 문장 처음에 사용하면 명령형이 되기에 '사랑하라'는 뜻이고, '나그네'는 순수 한국어를 사용하여 사랑할 대상이 누구인지 알려주는 이름이다.

"너희는 나그네를 사랑하라. 전에 너희도 애굽 땅에서 나그네 되었음이니라"는 신명기 10장 19절 말씀을 따라 매 주일 오후에 유학생들과의 모임에 관심을 가진 한국인들이 더불어 모임에 참석하고 있다.

키르기스스탄의 작은 도시 오쉬에 살던 학생들이 한국 대학생이 되어
캠퍼스를 누비고 다닌다는 것은 더더욱 상상하기 어려웠다.
그런데 상상이 현실이 되어 그들이 한국으로 오고 있었다.
그들이 먼저 이곳 한국에서 나를 기다리고 있었다.

참석 인원은 15명에서 20명 정도로 한국인과 키르기스인들이 반반씩 섞여 있다. 한국인들은 나그네를 섬기는 일에 기꺼이 헌신된 사람들이고, 학생들 대부분은 서울에 있는 학교에 다니고 있다. 이 가운데는 오쉬 세종학당에서 한국어를 가르칠 때 직접 나에게 한국어를 배운 학생들도 적지 않다. 하나님께서 귀국 후의 삶을 이렇게 인도하실 것이라고는 상상도 하지 못했다.

러브 나그네를 시작하며 나그네를 어떻게 사랑해야 하는지 그 답을 성경에서 발견했다. 신명기 10장 18절 말씀이다.

> 고아와 과부를 위하여 정의를 행하시며 나그네를 사랑하여 그에게 떡과 옷을 주시나니.

나그네를 사랑하되 부모가 자식을 사랑하여 먹을 것(떡)과 입을 것(옷)을 주듯 그들을 사랑하라는 말씀이다.

이 모임에 참석하는 대부분의 학생들은 무슬림들이다. 우리는 최대한 믿지 않는 학생들을 배려하고, 잘 먹이고, 감사한 이야기를 나누며 게임도 하면서 약 두 시간 정도를 함께한다. 그들은 우리가 그리스도인이라는 사실을 안다. 그럼에도 우리를 신뢰하며 의지한다.

낯선 땅에 와서 살아가는 학생들에게 예기치 않은 일들이 생기기 마련이다. 보호자가 없는 이들에게 보호자가 되어 줄 수 있는 것이 얼마나 감사한지 모른다.

스무 살도 안 된 여학생이 가슴에 통증이 있어서 혼자 병원을 찾아갔다. 의사 선생님이 초음파를 찍어 봐야 한다고 하자 여학생은 덜컥 겁이 나서는 그제서야 나에게 전화를 했다. 바들바들 떨면서 혹시나 나쁜 병이 아닐까 염려하는 아이의 손을 꼭 잡아 주었다. 다행히 초음파 결과는 나쁘지 않았다. 아이는 병원을 나서며 "선생님은 한국에 계신 엄마예요"라고 울먹거리며 고마워했다.

우리 모임에 꾸준히 참석했다가 전주에 있는 학교로 간 학생이 내게 카톡을 보내 왔다. 내가 허리 디스크로 병원에 입원했을 때 찾아오겠다고 하길래 나중에 내가 다 나으면 전주에 가서 밥을 사 주겠다고 보낸 카톡에 대한 답장이었다.

"선생님은 늘 우리에게 도움을 주시는데, 또 맛있는 거 사주신다고 그러세요… 그러지 마시고 빨리 퇴원하세요. 저는 선생님을 한국에 계신 엄마라고 알고 있어요."

교환학생으로 와서 다음 학기부터 정식으로 대학 생활을 하게 된 한 남학생이 기침이 너무 심해 결핵이 아닌가 염려하길래, 이 분야에 뛰어난 선생님을 소개받아 함께 병원에 갔다. CT를 찍었는데 아무 문제가 없었다. 헤어지고 나서 집에 도착하니 학생이 카톡을 보내 왔다.

"한국에서 선생님은 진짜 엄마 되었습니다."

내가 이들과 함께 지내며 스스로 정의해 본 엄마라는 존재는 매일 특별식으로 감동을 주는 엄마가 아니다. 아마 매일같이 특별식을 준비하다가는 금방 지쳐 쓰러질 것이다. 평범한 집밥이야말로 질리지 않고 계속 먹을 수 있다. 그래서 엄마는 집밥 같은 존재다. 언제 와도 바로 차려줄 수 있는 집밥.

그제야 신명기 말씀이 제대로 이해되었다. 하나님께서 나그네를 사랑하여 떡과 옷을 주신 것은 특별식과 멋진 옷을 주신 것이 아니라 이들의 삶에 꼭 필요한 떡과 옷이었다는 것을.

위르겐 몰트만은 그의 책 『하나님의 나라와 봉사의 신학』에서 "우리가 그들 공동체 가운데로 들어가 그들을 하나님 나라의 구성원으로 인정하고, 우리 또한 그들로부터 형제로 받아들여질 때, 우리는 거기서 예수와 함께하는 하나님 나라를 발견하게 된다"고 말했다.

러브 나그네를 통해 우리의 진정한 섬김(디아코니아)이 그들을 형제로 받아들일 뿐 아니라, 우리 역시 그들로부터 형제로 받아들여짐으로써 하나님 나라가 우리 가운데 나타나길 기대한다. 그리고 오늘도 러브 나그네 친구들 한 사람 한 사람을 생각하며 하늘 아버지께 올려 드린다.

나가며

디아코니아, 나도 할 수 있을까?

그리스도를 증거하는 단 하나의 방법은 없다. 성경 말씀은 행위와 모범, 그리스도의 존재, 삶의 증거와 결코 분리해서 생각할 수 없다.[1] 특히 다변화되고 다양한 문화가 실시간으로 공유되는 현대사회에서 특정한 한 가지 방법을 고집하며 선교하기란 아예 불가능하다. 계속해서 변화하는 흐름에 따라 우리의 사역도 변화되어야 한다. 그 모습은 디아코니아라는 이름으로 사람들의 삶 속에서 얼마든지 다양하게 나타날 수 있다.

여기까지 이 책을 읽은 독자라면 '나도 디아코니아로 살아갈 수

---

1 Bosch 2000:621

있을 것 같다'는 일말의 용기가 생겼을지도 모르겠다. 그것이 이 책의 목표이고 나의 소망이다. 그런 이들에게 조금 더 힘을 보태고 싶다.

자기 자신만을 위해 존재하는 그리스도인은 없다. 자신을 그리스도인이라고 부르는 사람은 예수 그리스도가 모범을 보여 주신 그 삶을 따라 살기 위해, 무엇보다도 하나님의 부르심에 대한 확신과 거기에 순종하는 모습이 필요하다.

우리의 삶은 불확실성 투성이다. 한 번도 걸어 보지 않은 길을 오늘도 내일도 걸어가는 것이다. 이렇게 일이 진행되려나 보다 생각하고 있으면, 어느새 생각지 못한 결과가 초래되고, 다 포기하고 주저앉아 하나님을 부르고 있으면, 거기에서 새로운 해결책이 생겨난다. 그래서 우리는 끊임없이 하나님의 부르심을 지속적으로 확인하며, 그 이유를 알지 못하더라도 순종해야 한다.

특별히 이슬람권에서 사역하는 여성 선교사들은 대부분이 디아코니아 사역을 하고 있다. 그러나 많은 경우, 자신들의 사역이 디아코니아인지도 모르고, 단순히 누군가를 돕는다든지 딱히 할 일이 없어서 하는 일로 생각하기가 쉽다.

앞서 디아코니아로 살아가는 아홉 명의 이야기에서도 짐작할 수 있듯이, 그들 모두가 자신들이 하고 있는 일이 디아코니아임을 확신하고 한다면 그 기쁨이 얼마나 더할까? 디아코니아는 연구 주제도, 설교 제목도 아니다. 디아코니아는 실천하는 삶이다. 디아코니아는 삶을 통해 드러나는 하나님의 선교다.

디아코니아 사역은 빠른 시간에 열매를 거두기가 쉽지 않다. 기본적으로 시간이 필요한 일이다. 누군가를 섬기는 것은 일회성의 사건이 아니기 때문이다. 지속적으로 다른 사람들과 함께하는 삶이 없는 한 디아코니아는 불가능하다. 그런 의미에서 우리 모두는 기다리며 인내할 수 있어야 한다.

디아코니아를 하다가 선교지를 떠나면, 한 영혼도 구원하지 못했다는 죄책감에 사로잡힐 수 있다. 또한 선교지가 아니어도 내가 있는 이곳에서 디아코니아로 살면서 아무 열매가 없어 보일 때도 있다. 그때 기억해야 할 사실은 이것이다. 우리는 하나님의 부르심에 순종했고, 우리의 삶을 통해 디아코니아를 실천했으면, 하나님 보시기에 그것은 충분히 칭찬받을 일이다. 그것은 하나님 편에서 분명 열매가 있는 사역이다.

전도란 일반적으로 그리스도인들이 교회 밖으로 나가 불신자들에게 복음에 대해 말하는 것이라고 우리는 생각한다. 그런데 베드로전서 3장 15절에서 대화를 시작하는 사람은 그리스도인이 아니라 불신자라는 사실을 아는가? "너희 마음에 그리스도를 주로 삼아 거룩하게 하고 너희 속에 있는 소망에 관한 이유를 묻는 자에게는 대답할 것을 항상 준비하되 온유와 두려움으로 하고."

베드로와 고넬료의 이야기에서 보듯 하나님은 우리가 전혀 알지 못하는 방법들로 복음을 향해 사람들의 마음을 여신다. 우리는 그 하나님을 신뢰함으로 순종하며 디아코니아의 삶을 실천해 가면 된다.

조금만 눈을 돌려 주위를 둘러보라. 이미 우리 시대의 룻, 아비가일, 에스더, 마르다, 도르가, 브리스길라, 뵈뵈가 자기 삶의 자리에서 디아코니아로 살아가고 있지 않은가?

지금 내가 하고 있는 디아코니아가 결코 하찮은 일이 아니고, 단순한 도움을 주는 행위에 그치지 않으며, 아무도 알아주지 않는 숨겨진 일이 아니다. 오히려 하나님의 선교에서 핵심적인 역할을 감당하며, 하나님의 선교에 동참하는 일임을 깨달아야 한다. 선교에 참여하는 자체가 하나의 특권이다.

얼마 전, 누가복음 10장의 사마리아인 비유 본문으로 설교를 준비할 때였다. 평소 많이 읽은 본문인데, 그날은 유난히 '어떤'이라는 단어가 눈에 들어왔다.

사마리아인 앞에 놓인 수식어가 '어떤'이라는 사실이 참 놀랍게 다가왔다. 어떤 사마리아인이 누구인지는 아무도 모른다. 그 어떤 사마리아인은 강도 만난 사람에게 당장 시급한 도움을 주기 위해 가던 길을 멈추고 자비를 베풀었다.

마틴 루터 킹 목사는 이 본문을 설명하며 제사장과 레위인은 "내가 이 사람을 돕기 위해 걸음을 멈추면 내게 무슨 일이 일어나지 않을까?"라고 질문했을 테지만, 사마리아 사람은 "내가 걸음을 멈추고 이 사람을 도와주지 않으면 이 사람은 어떻게 될까?"라고 질문하며 반대로 접근했다고 한다.

그러고 보면 하나님께 이 세상은 하나밖에 없는 아들을 보내어 당장 구원하셔야 할 만큼 시급한 상황이었나 보다. 하나님의 자비가 우리에게 얼마나 절실했기에 아들 예수님을 십자가에서 죽게까지 하셨을까. 하나님께 우리는 마치 강도 만나 죽어가는 자들이었나 보다.

디아코니아를 한 단어로 설명해 보라면 나는 주저없이 '이웃 사랑'이라고 말하겠다. 보이지 않는 하나님을 어떻게 사랑할지 고민하는 많은 이들에게 꼭 말해 주고 싶다. 하나님을 사랑하고 싶은가? 그렇다면 이웃을 사랑하면 된다.

이웃을 어떻게 사랑해야 하느냐고 묻는다면, 이 책에서 이미 수없이 소개한 예들을 생각해 보라. 그 안에 당신이 생각한 사랑의 방식이 없다면, 그 스토리를 당신이 직접 삶으로 써 가면 된다.

내 이웃이 누구인지를 묻는 율법교사에게 예수님은 오히려 "누

'어떤' 사마리아 사람은 내가 될 수도 있고, 당신이 될 수도 있다.
우리가 자비를 베풀면 우리 역시 자비하심을 얻게 된다.

가 강도 만난 자의 이웃이냐"라고 물으신다. 율법교사의 대답을 기억하는가? "자비를 베푼 자니이다".

나는 이 대답을 보며 마태복음 5장 7절이 떠올랐다. "긍휼히 여기는 자는 복이 있나니 그들이 긍휼히 여김을 받을 것임이요."

룻을 기억하는가? 나그네를 긍휼히 여김으로 자신이 긍휼히 여김을 받은 여인 말이다. 아비가일은? 에스더는? 마르다는? 도르가는? 브리스길라는? 뵈뵈는?

'어떤' 사마리아 사람은 내가 될 수도 있고, 당신이 될 수도 있다. 우리가 자비를 베풀면 우리 역시 자비하심을 얻게 된다. 우리에게 필요한 것은 "가서 너도 이와 같이 하라"는 말씀에 순종하는 것이다.

함께 디아코니아로 살아 보고 싶지 않은가?

인용 문헌

김득중, 1991 『누가의 신학』. 서울: 컨콜디아사.
김세윤, 2004 『하나님이 만드신 여성』. 서울: 두란노.
김옥순, 2010 『디아코니아학 입문』. 서울: 한들출판사.
김한옥, 2006 『기독교 사회봉사의 역사와 신학』. 부천: 실천신학연구소.
박경수, 2009 『교회의 신학자 칼뱅』. 서울: 대한기독교서회.
박영호, 2004 『기독교 사회복지』. 서울: CLC.
오지영, 2015 『룻기 묵상 28일』. 서울: 홍성사.
이경숙, 2000 『구약성서의 하나님, 역사, 여성』. 서울: 대한기독교서회.
이태주, 2006 『문명과 야만을 넘어서 문화 읽기』. 서울: 프로네시스.
이형기, 2001 『교회의 직제와 평신도론』. 서울: 장로회신학대학교 출판부.
장상, 2005 『말씀과 함께하는 여성』. 서울: 이화여자대학교 출판부.
정용갑, 2009 『약함으로부터의 선교』. 서울: 지혜의일곱기능.
정혜숙, 2001 『파워 여성 리더십』. 서울: 작은행복.
한미라, 2002 『여자가 성서를 읽을 때』. 서울: 대한기독교서회.
홍주민, 2009 『디아코니아학 개론』. 서울: 한국디아코니아연구소.

Banks, Robert J. 1991 『바울의 그리스도인 공동체 이상』(*Paul's Idea of Community*). 장동수 역. 서울: 여수룬.

Bosch, David J. 1997 『세계를 향한 증거』(*Witness To The World*). 전재옥 역. 서울: 두란노.

Bosch, David J. 2000 『변화하는 선교』(*Transforming Mission*). 김병길, 장훈태 역. 서울: CLC.

Bright, John, 2013 『하나님의 나라』(*The Kingdom of God-The Biblical Concept and Its Meaning for the Church*). 김인환 역. 서울: CH북스.

Briscoe, Jill, 2003 『요나와 벌레』(*Jonah and the Worm*). 황의정 역. 서울: 양무리 서원.

Calhoun, Adele Ahlberg, 2007 『영성훈련핸드북』(*Spiritual Disciplines Handbook*). 양혜원, 노종문 공역. 서울: IVP.

Christine D. Pohl, 2002 『손대접』(*Making Room: Recovering Hospitality as a Christian Tradition*). 정옥배 역. 서울: 복있는사람.

Clinton, J, Robert and Clinton, Richard, W. 2005 『당신의 은사를 개발하라』(*Unlocking Your Giftedness*). 황의정 역. 서울: 베다니출판사.

Crabb, Larry, 2011 『교회를 교회 되게』(*Real church : does it exist? can I find it?*). 윤종석 역. 서울: 두란노.

Cunningham, Loren and Hamilton, David 2003 『*Why Not Women?*』. 현문신 역. 서울: 예수전도단.

Daiber, Karl Fritz 2005 『교회의 정체성과 교회봉사』(*Diakonie und Kirchliche Identität*). 황금봉 역. 서울: 한국장로교출판사.

Fiorenza, Elizabeth S. 1986 『크리스챤 기원의 여성 신학적 재건』(*In Memory of Her*). 김애영 역. 서울: 종로서적

Fleming, Kenneth C. 1991 『우리가 잃어버린 예수』(*He Humbled Himself Re-*

covering the Lost Art of Serving). 채영삼 역. 서울: 도서출판 바울.

Foster, Richard J. 1998 『영적 훈련과 성장』(Celebration of Discipline). 권달천, 황을호 공역. 서울: 생명의말씀사.

Foster, Richard J. 1999 『기도』(Prayer-Finding the heart's true home). 송준인 역. 서울: 두란노.

George, Elizabeth 2007 『하나님이 기뻐하시는 여성』(A Woman After God's Own Heart). 안보헌 역. 서울: 생명의말씀사.

Glasser, Arthur F. 2006 『성경에 나타난 하나님의 선교』(Announcing The Kingdom). 임윤택 역. 서울: 생명의말씀사.

Grenz, Stanley and Kiesbo, Dennis 1998 『교회와 여성』(Women in the Church). 이은순 역. 서울: CLC.

Guinness, Os. 2000 『소명』(The Call). 홍병룡 역. 서울: IVP.

Heine, Susanne 1998 『초기 기독교 세계의 여성들』(Frauen der fruhen christenheit : Zur historischen kritik einer fenimistischen theologiehe). 정미현 역. 서울: 이화여자대학교 출판부.

Hiebert, Paul G. 1996 『선교와 문화인류학』(Anthropological Insights for Missio-naries). 김동화 외 3인 공역. 서울: 죠이북스.

Hunt, Susan and Thompson, Barbara 2006 『하나님의 위대한 유산, 여자』(The Legacy of Biblical Wamanhood). 이소영 역. 서울: 사랑플러스.

Hurley, James 1992 『성경이 말하는 남녀의 역할과 위치』(Man and Woman in Biblical Perspective). 김진우 역. 서울: 여수룬.

Hybels, Bill 2007 『빌 하이벨스의 섬김』(The Volunteer Revolution). 시원희 역. 서울: 두란노.

Kaiser, Walter C. 2005 『구약성경과 선교』(Mission in the Old Testament). 임윤택 역. 서울: CLC.

Karssen, Gien 2011 『믿음의 여인들 1』(Her Name Is Woman Vol.1). 양은순 역.

서울: 생명의말씀사.

Kraft, Charles 2005 『기독교 문화 인류학』(*Anthropology for Christian Witness*). 안영권, 이대헌 공역. 서울: CLC.

Ladd, George E. 2010 『하나님 나라의 복음』(*The Gospel of the Kingdom*). 박미가 역. 서울: 서로사랑.

Lingenfelter, Sherwood G. and Marvin K. Mayers 1989 『문화적 갈등과 사역』(*Ministering Crossculturally an Incarnational Model for Personal Relationships*). 왕태종 역. 서울: 죠이북스.

Luter, Boyd and McReynolds, Kathy 2006 『여성, 숨겨진 제자들』(*Women as Christ's Disciples*). 전의우 역. 서울: 예수전도단.

Lutz, Lorry 1998 『세계를 움직이는 기독 여성들』(*Women as risk-takers for God*). 햇불성경연구소 역. 서울: 햇불.

MacArthur, John 2000 『남성과 여성』(*Different by Design*). 조계광 역. 서울: 생명의말씀사.

MacHaffie, Barbara J. 1995 『기독교 전통 속의 여성』(*Her Story*). 손승희 역. 서울: 이화여자대학교 출판부.

Martin Luther King, Jr 1987 『사랑의 힘』(*Strength to Love*) 채규철, 서정렬 공역. 서울: 예찬사.

Merton, Thomas 2005 『새 명상의 씨』(*New Seeds of Contemplation*). 오지영 역. 서울: 가톨릭출판사.

Moltmann, Jürgen 1999 "하나님의 나라와 봉사의 신학"(*Theology of the Kingdom and Service*). 곽숙희 역. 『사회봉사의 신학과 실천』(*Theology and Practice of Social Service*). 이삼열 편. 서울: 한울.

Nissen, Johannes 2005 『신약성경과 선교』(*New Testament and Mission*). 최동규 역. 서울: CLC.

Newbigin, Lesslie 1995 『선교신학 개요-공개된 비밀』(*The Open Secret*). 최성일

역. 충남: 한국신학연구소.

Paul Philippi, Pieter Johan Roscam Abbing, Jurgen Albert, Hans Christoph von Hase, Albrecht Mueller-Schoell 2010 『디아코니아』(Diakonia). 지인규 역. 용인: 프리칭아카데미.

Poplin, Mary 2010 『지금 머물러 있는 곳을 더욱 사랑하라』(Finding Calcutta). 이지혜 역. 서울: 포이에마.

Rice, Howard L. 1995 『개혁주의 영성』(Reformed Spirituality). 황성철 역. 서울: CLC.

Sölle. D. 1998 『현대신학의 패러다임』(Gottes Denken, Einführung in die Theologie). 서광선 역. 충남: 한국신학연구소.

Tan, Siang Yang 2007 『섬김』(Full Service). 조계광 역. 서울: 생명의말씀사.

Wakins, Derrel R. 2003 『기독교 사회봉사 입문』(Christian Social Ministry: An Introduction). 노영상 역. 서울: 쿰란출판사.

Weiser, Alfons 1992 『원시 그리스도교의 여성』(Die Frau im Urchristentum). 다우첸베르크, 메르클라인, 뮐러 편. 윤선아 역. 왜관: 분도출판사.

김은수 2002 "사회봉사와 하나님 나라". 한국신학선교회 편. 『선교와 디아코니아』. 선교와신학 제5집. 서울: 한들출판사.

김지철, 1999 "신약성서에서의 사회봉사". 이삼열 편. 『사회봉사의 신학과 실천』. 서울: 한울.

박동현 1999 "구약성서에서의 사회봉사". 이삼열 편. 『사회봉사의 신학과 실천』. 서울: 한울.

박보경 2002 "타문화권 선교에서의 한국 여성의 역할". 장로회신학대학교 세계선교연구원 편. 선교와 신학 제10집. 서울: 장로회신학대학교 출판부.

박창현 2002 "신약성서의 사회봉사". 한국신학선교회 편. 『선교와 디아코니아』. 선교와신학 제5집. 서울: 한들출판사.

서정운 1999 "선교신학에서 본 사회봉사". 이삼열 편.『사회봉사의 신학과 실천』. 서울: 한울.

우택주 2006 "창조기사를 중심으로 살펴본 구약성서의 여성관".『교회와 여성의 리더십』. 침례교신학연구소 편. 서울: 침례신학대학교 출판부.

이경숙 1997 "구약성서에 나타난 야훼 공동체로서의 교회 개념".『교회와 여성신학』. 여성신학 사상 제3집. 한국여성신학회 편. 서울: 대한기독교서회.

이범성 2011 "한국개신교회 에큐메니칼 선교 방향과 그 실천신학적 근거들". 목회와 상담 16. 2011 봄. 서울: 한국목회상담학회.

이영미 2010 "이해와 포용으로서의 선교".『선교와 여성신학』. 여성신학사상 8집. 한국여성신학회 편. 서울: 프리칭아카데미.

천사무엘 2008 "섬김의 목회에 대한 구약성서적 반성". 성서마당 88호. 2008 겨울. 서울: 한국성서학연구소.

최무열 2003 "기독교 사회복지관의 통전적 모형으로서의 미클라트(도피성) 연구". 부산장신논총 제3집. 부산: 부산장신대학교 출판부.

황순환 2002 "구약성서에 나타난 디아코니아 정신". 한국신학선교회 편.『선교와 디아코니아』. 선교와신학 제5집. 서울: 한들출판사.

Bach, Ulrich 2006 "Die diakonische Kirche als Freiraum fuer uns alle"(1979). Neukirchener Verlag des Erziehungsvereins mbH.

Barton, Stephen C. 1989 "Impatient for Justice: Five Reasons Why the Church of England Should Ordain Women to the Preisthood", Theology 92, no. 749.

Beyer, H. W. 1935 "διακοεω, διακονι, διακονος", in: ThWNT (=Theologisches Wörterbuch yum Neuen Testament) 2, berg. V, G. Kittel/hg. v. Gerhard Friedrich, Stuttgart: de Gruyter.

Bird, Phyllis A. 1997 "Genesis 3 in Modern Biblical Scholarship". Missing

Persons and Mistaken Identites. Minneapolis: Fortress Press.

Bonhoeffer, Dietrich 1952 *"Life Together"*. New York: Harper & Row.

Bowers, Joyce M. 1984 *"Roles of Married Women Missionaries: A Case Study"*. International Bulletin of Missionary January 1984.

Bruce F. F. 1982 *"Commentary on Galatians"*. New International Greek Testament Commentary(Grand Rapids, Mich.: Eerdmans, 1982).

Calvin, John 1981 *"Commentary on a Harmony of the Evangelists"*. Vol. 1. (Grand Rapids: Baker, 1981).

Crüsemann. F. 2006 *"Das Alte Testament als Grundalgen der Diakonie"*, in: V. Hermann/ M. Horstmann (Hg.), Studienbuch Diakonik. Band 1: biblische, historische und theologische Zugänge zur Diakonie.

Gort, Jerald 1988 *"Oecumenische inleiding"*. in: Heil, onheil en bemiddeling.

Haddad, Mimi 1993 *"Priscilla, Author of the Epistle to the Hebrews?"*. *Priscilla Papers* 7.1 Winter 1993.

Herzog, Frederick 1966 "Diakonia in Modern Times Eighteenth-Twentieth Centuries". *Service in Christ Essays Pressented to Karl Barth on his 80th Birthday*, eds. James I. McCord and T.H.L. Parker(Grand Rapids: W.B. Eerdmans Publishing Company).

Holtz, T. 1990 *"Christus Diakonos. Zur christlichen Begründung der Diakonie in der nachösterlichen Gemeinde"*, in: G.K. Schafer/Th. Strohm(Hg.), Diakonie-biblische Grundlagen und Orientierunge. Ein Arbeitsbuch zur theologischen Verständigung über den diakonischen Auftrag, Heidelberg: Heidelberger Verlaganstalt.

Hurley, James B. 1981 *"Man and Woman in Biblical Perspective"*. Grand Rapids, Mich: Zondervan.

Luz, U. 2005 *"Biblische Grundlagen der Diakonie"*. in: G. Ruddat/

G.K.Schäfer(Hg.), Diakonisches Kompendium, Göttingen: Vandenhoeck & Ruprecht.

Philippi, Paul 1975 *"Christozentrische Diakonie"*. Ein theologischer Entwurf, Stuttgart: Evangelisches Verlagswerk.

Philippi, Paul 2006 *"Die diakonische Grundordnung der Gemeinde"*(1965). Neukirchener Verlag des Erziehungsvereins mbH.

Schottroff, Luise 1980 "Frauen in der Nachfolge Jesu in neutestamentliche Zeit". in: L. Schottoroff and W. Stegemann, ed., *Traditionen der Befreiung*(Munich, 1980), Vol. 2.

Schottroff, Luise 1990 "DienerInnen der Heiligen. Der Diakonat der Frauen im Neuen Testament. Heidelberger Verlagsanstalt, 1990.

Strohm, Theodor 2006 "biblische, historische und theologische Zugäenge zur Diakonie". in: V. Hermann/ M. Horstmann (Hg.), Studienbuch Diakonik. Band 1: biblische, historische und theologische Zugänge zur Diakonie(Neukirchner:Neukirchen-Vluyn, 2006).

Swidler, Leonard 1979 "Biblical Affirmations of Woman". Philadelphia: Westminster Press.

Theißen, G. 2006 *"Die Bibel diakonisch lessen: Die Legitimitaetskriese des Helfens und der barmherzige Samariter"*(1990), in: V. Hermann/ M. Horstmann (Hg.), Studienbuch Diakonik. Band 1: biblische, historische und theologische Zugänge zur Diakonie(Neukirchner:Neukirchen-Vluyn, 2006).

Uhlhorn, G. 1882 *"Die christliche Liebestätigkeit,* 3. Bd. Stuttgart.

Verkuyl, Johannes 1978 *"Contemporary Missiology: An Introduction"*. Rand Rapids: Eerdmans.

Weiser. A. 1980 "διακονεω". in: Exegetisches Wöterbuch zum Neuen Testament, hg. v. H. Baltz/ G. Schneider 2. Aufl. Stuttgart: W.Kohlhammer.

Wendland, H.-D. 2006 *"Christos Diakonos, Christos Doulos"*, Zur theologischen Begründung der Diakonic. in: Ders. (Hg.), Die Kirche in der revolutionäre Gesellschaft. Sozialethische Aufsätze und Reden (Gütersloh: Gütersloher Verlagschaus Gerd Mohn.

Witherington, Ben 1984 *"Women in the Ministry of Jesus"*, Cambridge: Cambridge University Press.

Ernst Jenni, Claus Westermann 1979 구약 신학용어 소사전(*Theologisches Handwörterbuch zum Alten*). Bd., II., Munchen: Chr. Kaiser.

김효정 2007 앞치마를 두른 예수. 대구: 영남신학대학교.

박철규 2000 디아코니아와 성서 연구. 전주: 한일장신대학교.

조현 2012 "조선의 성녀 테레사, 서서평". 2012. 3. 14. 한겨레신문. http://www.hani.co.kr/arti/well/people/939549.html (2021. 1. 3 접속)

그랜드 종합주석(*The Grand Bible Commentary*) 1999 제5권: 사무엘상, 사무엘하. Vol. 5. 서울: 제자원.

옥스퍼드 원어성경대전(*Oxford Bible Interpreter*) 1999 여호수아 제13-24장, 룻기. 서울: 제자원.

인터서브는

아시아와 아랍 세계의 민족들을 위해 부름 받은 그리스도의 지체로서 하나님의 선교에 참여하는 교회와 함께 섬깁니다. 공동체 안에서 예수 그리스도의 제자들로 성장합니다. 제자를 삼아 사회의 모든 영역을 변화시키는 하나님의 동역자들로 섬기도록 준비시킵니다. 선교를 위해 동역하고 이 모든 일을 하나님의 영광을 위해 합니다.

인터서브 사역과 선교지에 관한 정보가 필요하면 Interserve.kr 로 방문해 주십시오.

앵커출판은 모든 민족 모든 언어에게 올바른 방향을 제시하며 하늘의 소식을 전하는 출판 미디어로서 마지막 주자의 사명을 다하기 원합니다.